U0581080

BLUE BOOK

智 库 成 果 出 版 与 传 播 平 台

公园城市蓝皮书
BLUE BOOK OF PARK CITY

公园城市发展报告（2023）

2023 PARK CITY DEVELOPMENT REPORT

人与自然和谐共生的现代化

主　　编／潘家华　姚　凯
执行主编／廖茂林　周　灵

社会科学文献出版社
SOCIAL SCIENCES ACADEMIC PRESS (CHINA)

图书在版编目（CIP）数据

公园城市发展报告.2023：人与自然和谐共生的现
代化/潘家华，姚凯主编.--北京：社会科学文献出
版社，2023.12
　（公园城市蓝皮书）
　ISBN 978-7-5228-2729-2

　Ⅰ.①公…　Ⅱ.①潘…②姚…　Ⅲ.①城市建设-研
究报告-成都-2023　Ⅳ.①F299.21

中国国家版本馆 CIP 数据核字（2023）第 206644 号

公园城市蓝皮书
公园城市发展报告（2023）
——人与自然和谐共生的现代化

主　　编／潘家华　姚　凯
执行主编／廖茂林　周　灵

出 版 人／冀祥德
组稿编辑／张雯鑫
责任编辑／吴云苓
责任印制／王京美

出　　版／社会科学文献出版社·皮书出版分社（010）59367127
　　　　　地址：北京市北三环中路甲 29 号院华龙大厦　邮编：100029
　　　　　网址：www.ssap.com.cn
发　　行／社会科学文献出版社（010）59367028
印　　装／天津千鹤文化传播有限公司

规　　格／开　本：787mm×1092mm　1/16
　　　　　印　张：16　字　数：208 千字
版　　次／2023 年 12 月第 1 版　2023 年 12 月第 1 次印刷
书　　号／ISBN 978-7-5228-2729-2
定　　价／128.00 元

读者服务电话：4008918866

本书的撰写和出版获得以下资助：

成都市社会科学院成都研究院

国家自然科学基金项目"碳中和目标下清洁能源省域消纳机理及路径研究：基于多尺度空间视角"（批准号：72173133）

陈姣姣（成都市社会科学院）

边继云（河北省社会科学院）

刘　丽（重庆市第二师范学院）

编制单位　成都市社会科学院

　　　　　　中国社会科学院生态文明研究所

　　　　　　成都市社会科学院成都研究院

主要编撰者简介

潘家华 经济学博士,中国社会科学院学部委员、可持续发展研究中心主任,博士生导师。中国城市经济学会会长、国家气候变化专家委员会副主任、UN 可持续发展报告(GSDR2023)独立专家组成员、政府间气候变化专门委员会(IPCC)评估报告(减缓卷,2021)主笔。曾任中国社会科学院生态文明研究所所长、外交政策咨询委员会委员、UNDP 高级项目官员、IPCC 高级经济学家。主要研究方向为可持续城市化、能源与气候政策、生态文明新范式经济学等。发表论文 350 余篇(章),出版学术专著 20 余部,获中国社会科学院优秀科研成果奖、孙冶方经济科学奖、中华(宝钢)环境(学术)奖等重要学术奖项 20 余项。

姚 凯 成都市社科联一级巡视员,曾任成都市成华区委政研室副主任,成都市成华区委政研室(体改委)主任,成都市成华区教育局党组书记、局长,成都市成华区委常委、宣传部长,成都市金牛区委常委、组织部长,成都市金牛区委常委、常务副区长,成都市教育局党组副书记、副局长,成都工业职业技术学院党委书记等。

廖茂林 经济学博士,副研究员,中国社会科学院生态文明研究所可持续发展经济学研究室副主任,中国社会科学院大学硕士生导师,英国皇家国际事务研究所(Chatham House)访问学者,中国社会科学院生态文明研究智库国际部副主任，中国社会科学院所级国情调研基地负责人，机械工业环保产业发展中心专家委员会委员。在《管理世界》、《中国行政管理》、《中国人口·资源与环境》、《城市发展研究》、*Journal of Environmental Management*、*Applied Ecology and Environmental Research* 等 SCI/SSCI 期刊上发表学术论文 70 余篇，其中多篇成果被《人大复印报刊资料》转载，担任《系统工程理论与实践》、*International Journal of Natural Resource Ecology and Management* 等期刊的审稿专家。独立主持了 40 余项国家自然科学基金面上项目、国家社会科学基金重大项目子课题、国家高端智库项目，以及欧盟（EU）、联合国开发计划署（UNDP）、澳大利亚社会科学院等机构多个环境政策的研究项目，参与编撰联合国开发计划署的《中国人类发展报告 2012~2013》《新中国 70 年生态文明建设》《应对气候变化报告》等学术著作，获 5 项中国社会科学院优秀对策信息类三等奖。主要研究方向为可持续城市建设和绿色发展，代表性成果包括《基础设施投资是否还能促进经济增长?》等。

周 灵 经济学博士，研究员，成都市社会科学院科研处处长，中国城市经济学会公园城市专委会秘书长，主要研究方向为环境经济学和产业经济学。作为主研人员参与完成国家社会科学基金项目 2 项，主持和参与完成省部级项目 7 项，主持完成市级项目 20 余项。在《财经理论与实践》《经济体制改革》《经济问题探索》等期刊发表论文 20 余篇，出版专著 5 部。获四川省社会科学优秀成果三等奖 2 项，成都市社会科学优秀成果一等奖 3 项、三等奖 1 项。主要研究成果有《经济发展方式转变框架下的环境规制研究》（专著）、《瑞士低碳城市发展实践与经验研究》（专著）、《环境规制对企业技术创新的影响机制研究——基于经济增长视角》（论文）等。

季　曦　北京大学经济学院长聘副教授、博士生导师，资源、环境与产业经济学系副系主任，研究方向为生态经济学、环境与资源经济学、能源与气候变化经济学、宏观经济与可持续发展等。在国内外核心期刊上发表学术论文 50 余篇，其中 40 余篇 SSCI/SCI 检索，30 余篇发表在 Q1 刊物。在《人民日报》发表 2 篇文章。出版专著 1 部、译著 1 部，参编 6 部。入选斯坦福大学全球 2% 顶尖科学家榜单。国家社会科学基金重大专项首席专家，主持国家自然科学基金面上项目（2 项）、国家自然科学基金青年项目、教育部人文社会科学研究规划项目、教育部人文社会科学研究一般项目、国家社会科学基金重点项目子课题、国家科技支撑计划项目子课题、国家人口发展战略研究课题等多项纵向课题。担任 International Society for Ecological Economics 理事和中国生态经济学学会理论与发展专业委员会副主任。首届 Bina Agarwal Prize for Young Scholars in Ecological Economics 的国际评委。担任 Ecological Economics（SSCI）期刊 Editor，Structural Change and Economic Dynamics（SSCI）、Economia Politica（SSCI）期刊的 Associate Editor，以及 Social Sciences、《生态经济》等期刊编委。

摘　要

习近平总书记指出，中国式现代化是人与自然和谐共生的现代化。公园城市是以生态文明思想为引领、以生态价值观为理论基础、以融合发展为内源动力、以增进人民福祉为根本目的、全面践行新发展理念的城市发展新范式，是探索山水人城和谐相融新实践和超大特大城市转型发展的新路径。为贯彻落实党的二十大关于推动绿色发展、促进人与自然和谐共生的决策部署，聚焦公园城市推进人与自然和谐共生的城市现代化这一主题，本报告深入研究成都公园城市的现代化建设规律，系统总结成都公园城市的现代化建设经验，为公园城市建设提供理论支撑与智力支持，为我国践行人与自然和谐共生的城市现代化提供切实可行的思路和方向。

课题组深入成都公园城市的建设实际，收集了翔实的一手资料，通过理论分析、历史分析、案例分析、数理分析、政策分析等，提出人与自然和谐共生的城市现代化路径才是真正有利于人类永续生存和发展的现代化道路，认为公园城市将成为实现人与自然和谐共生的城市现代化的有效实现形式，并建立了面向公园城市的人与自然和谐共生的城市现代化测度框架，指出"共生、共融、协同、增值、共享"是度量公园城市实现人与自然和谐共生的城市现代化的五大维度。在公园城市建设过程中，应坚持统筹谋划、整体推进，把城市作为有机生命体，实行全周期管理。既要兼顾已有的公园城市建设和城市生态绿地系统方面的经验，落实"以人民为中心""满足美好生活需要"

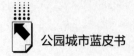

的要求，又要坚持"绿水青山就是金山银山"的理念，充分实现生态产品价值、筑牢生态环境屏障，还要因地制宜、彰显特色，充分考虑本土经济社会发展水平、自然资源禀赋、历史文化特点，坚持聚焦重点、创新突破，突出公园城市的本质内涵和建设要求。

围绕人与自然和谐共生的新型工业化、人与自然和谐共生的信息现代化、人与自然和谐共生的新型城镇化以及人与自然和谐共生的农业现代化等公园城市现代化建设的四大主题，本报告进行了深入研究。报告指出，成都工业化进程指标已达到工业化后期向后工业化阶段转变的标准，未来应构建先进制造业体系、筑牢新型工业化发展本底，强化科技创新引领、增强新型工业化持续动力，贯彻绿色发展、全面推进工业绿色低碳转型，打破区域限制、提升新型工业化联动发展水平，完善产业配套、营造新型工业化产业生态，强化要素保障、持续优化提升营商环境。报告认为，公园城市和信息现代化叠加发展，从根本上转型和丰富了工业现代化、城镇现代化、农业现代化的内涵，公园城市所彰显的价值将以信息化手段为载体嵌入"四化同步"的全过程。报告揭示了成都城镇化与生态环境呈现同步优化的趋势，并最终达到了优质协调发展类型。报告还给出公园城市农业现代化的显性方案，认为应夯实公园城市农业现代化的要素保障，构建公园城市农业现代化的三大体系，并深化公园城市城乡融合发展路径探索。

关键词： 公园城市　人与自然和谐共生　城市现代化　"四化同步"

Abstract

Xi Jinping, general secretary of the Communist Party of China Central Committee, has stressed that the Chinese path to modernization is a process of modernization of harmony between humanity and nature. Park City is a new paradigm for urban development that is guided by the principles of ecological civilization, grounded in the theory of ecological values, propelled by integrated development as an endogenous driving force, and aimed at enhancing the well-being of the people as its fundamental goal. It comprehensively implements the new development philosophy and explores innovative ways of harmoniously integrating mountains, water, people, and cities, paving the way for the transformation and development of megacities. In order to carry out the decisions and plans of the 20th National Congress of the Communist Party of China on pursuing green development and promoting harmony between humanity and nature, and focusing on the theme of Park City promoting the modernization of harmonious coexistence between humanity and nature, this report delves deeply into the patterns governing the modernization of Chengdu Park City, drawing on the experiences gained and offering theoretical and intellectual support for its continuing progress. It also offers practical insights and guidance for urban modernization in China, with a particular focus on promoting harmony between humanity and nature.

Our research team has extensively explored the modern urban

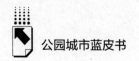

construction of Chengdu Park City, gathering a substantial amount of firsthand data. Through theoretical analysis, historical analysis, case analysis, mathematical analysis, and policy analysis, we propose that the path to urban modernization, characterized by harmonious coexistence between humanity and nature, genuinely supports humanity's sustainable survival and development. Park City is believed to effectively demonstrate the harmonious coexistence of humanity and nature in urban modernization. Additionally, we have established a measurement framework tailored to Park City's urban modernization, highlighting five key dimensions – "Coexistence, Integration, Collaboration, Value Addition, Sharing" – as metrics for evaluating the achievement of harmonious coexistence between humanity and nature within Park City's urban modernization. When constructing a Park City, it is crucial to maintain a comprehensive approach that considers all aspects of the city's development, viewing the city as a living organism and implementing full-cycle management. In addition to drawing upon existing experiences from the construction of Park City and the urban ecological green space system, it is imperative to commit to a "people-centred approach" and "meeting the needs of a better life." Furthermore, it is crucial to uphold the notion that "clear waters and lush mountains are invaluable assets," thereby fully realizing the value of ecological products and building a solid eco-environmental barrier. Additionally, it is essential to consider local conditions such as the level of economic and social development, the allocation of natural resources, and historical and cultural characteristics, to focus on the key areas, to make major breakthroughs, and to emphasize the core essence of Park City and the prerequisites for its construction.

The report extensively investigates four major themes of modernization in Park City, with a central focus on achieving harmonious coexistence between humanity and nature in the areas of new industrialization, IT application, urbanization, and agricultural modernization. The report indicates that Chengdu's industrialization process indicators meet the criteria for transitioning from late-stage industrialization to a post-industrial phase. In the future, it is imperative to establish an advanced manufacturing system to solidify the foundation for new industrialization, bolster scientific and technological innovation to drive sustained momentum in new industrialization, practice green development to fully advance the green and low-carbon transition of the industry, overcome regional constraints to elevate the collaborative development level of new industrialization, refine industrial support to nurture a new industrialization industry ecosystem and ensure the provision to improve the business environment continuously. The report highlights that integrating the development of Park City and IT application has fundamentally transformed and enriched the connotations of industrialization, urbanization and agricultural modernization. The value of Park City will be incorporated into the entire process of "integrating the development of industrialization, IT application, urbanization, and agricultural modernization" using information technology as a carrier. The report shows that urbanization and the ecological environment in Chengdu are both on the rise and have ultimately achieved a state of sound and coordinated development. The report also provides explicit plans for agricultural modernization in Park City. It suggests that efforts should be made to ensure the provision of agricultural modernization in Park City, establish the three major systems for agricultural modernization in Park City, and deepen the exploration of the path to integrated urban-rural development of Park City.

Keywords: Park City; Harmonious Coexistence Between Humanity and Nature; Urban Modernization; "Integrating the Development of Industrialization, IT Application, Urbanization, and Agricultural Modernization"

目 录 ⟍⟍

I 总报告

II 重点领域篇

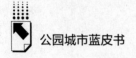
Ⅲ　实践探索篇

皮书数据库阅读 **使用指南**

CONTENTS ↰↱

I General Report

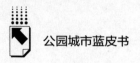

公园城市蓝皮书

II Key Area Reports

III Practice and Exploration Reports

CONTENTS

总 报 告
General Report

B.1
人与自然和谐共生的城市现代化

季曦 林浩曦 江洁 廖茂林*

摘 要: 城市现代化是人类文明发展的必由阶段。然而,在工业文明范式下,现代化进程突飞猛进的同时也伴随着生态环境、人与自然关系的恶化,这是一条不可持续的发展路径。立足于对工业文明时期现代化进程的历史反思和对自身历史条件与实际国情的实践经验总结,我国提出从工业文明向生态文明转型,探索人与自然和谐共生的中国式现代化发展模式。公园城市是这种崭新的现代化发展模式在城市领域的体现。本报告分析了城市在现代化进程中的功

---

* 季曦,北京大学经济学院长聘副教授、博士生导师,资源、环境与产业经济学系副系主任,研究方向为生态经济学、环境与资源经济学、能源与气候变化经济学、宏观经济与可持续发展等;林浩曦,北京建筑大学建筑与城市规划学院讲师,研究方向为城乡规划与区域空间治理;江洁,北京青年政治学院现代管理学院副教授,研究方向为企业经济;廖茂林,中国社会科学院生态文明研究所可持续发展经济学研究室副主任、副研究员,主要研究方向为可持续城市建设和绿色发展。

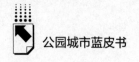
能与作用，并探讨了为什么人与自然和谐共生的城市现代化路径才是真正有利于人类永续生存和发展的现代化道路。基于这种分析，提出了面向公园城市的人与自然和谐共生的城市现代化测度框架，从共生、共融、协同、增值、共享五大维度构建指标体系，探索了中国式城市现代化的评价体系和建设方向。

关键词： 公园城市　和谐共生　城市现代化　科学测度

　　纵观全球现代化的历史进程，由于文化基础、技术条件、自然禀赋、发展进程、国际环境等多方面历史条件的差异，各国的现代化模式和道路也呈现多样性。自新中国成立特别是改革开放以来，我国立足于自身的历史条件和特殊国情，长期探索，勇于实践，在现代化理论和实践方面都取得了重大的突破，成功推进了中国式现代化进程。人与自然和谐共生的现代化是中国式现代化的一个重要内涵。这是立足于对工业文明时期现代化进程的历史反思，直面当前经济社会发展和生态环境保护之间的矛盾，以中国数十年的艰苦实践为基础，不断探索出来的面向未来的现代化道路。工业文明时期的现代化进程无疑创造了史无前例的成就，但也不可避免地带来了前所未有的人与自然的冲突。从工业文明向生态文明转型，需要探索一条真正有利于人类永续生存和发展的现代化道路。人与自然和谐共生的现代化是我国生态文明建设事业所内生的要求，也是我国实现生态文明转型的重要路径。①

　　城市是人类文明的重要塑造者，也是人类现代化进程的重要参与

---

　　① 季曦：《人与自然和谐共生的现代化是我国实现生态文明转型的重要路径》，《生态经济》2023年第4期。

者和推动者。从世界各国的现代化发展史来看，没有城市化就不可能有大规模的现代化，城市现代化构成了各国现代化的重要内容。同时，城市是人类在组织自然进程中的一种产物，是人组织自然的重要环节。因此，城市也是解决当前人与自然的矛盾和冲突、延续人类文明的关键所在。自 2007 年以来，全球过半的人口居住在城市，现在城市人口占比更是达到了 56.2%。① 城市的重要性毋庸置疑。正如马克思、恩格斯所言，城市是先进生产力的代表。著名城市学家埃尔金等人也宣称，城市的中心，是世界经济秩序正常运转的关键所在。

全球气候变暖、生物多样性锐减、环境恶化等问题的治理与城市转型密切相关。城市的规模效应使城市比乡村具有更加高效的资源转化和利用的能力。我国著名的城市研究专家朱铁臻先生曾经指出，中国必须走一条高效率利用能源的道路，而城市化尤其是大城市化最能够提高能源的利用率。朱铁臻先生还用数据说明了城市在应对资源环境困境中所具有的巨大潜力。据他测算，如果我国乡镇企业集中到城镇发展，一个企业可以节省公共设施投入 10%，节约土地 15%，减少治理污染费 5%②。

然而，纵观城市发展历史，不难发现，城市现代化是一个与自然渐行渐远的过程。尤其是工业革命以来，机械现代化等进程加速了城市与自然分离的步伐，城市由原初的"自然经济"转向了以"技术经济"为基本逻辑的发展范式。虽然基于"技术经济"的城市极大地提高了人类的物质能量代谢能力，但也使人类面临前所未有的挑战。一方面，高速运转的城市"技术经济"使城市离自然越来越远，也强化了城市对自然的间接攫取和破坏。全球城市现代化进程极大地提高了人类的物质能量代谢能力，但就如"杰文斯悖论"所说，"反弹效应"使城市效率提升的同时也导致了城市对资源、能源需求和

① 联合国人居署：《2022 年世界城市状况报告：畅想城市未来》，2022 年 6 月 29 日。
② 《建设部、农业部、国土资源部关于促进乡镇企业向小城镇集中发展情况的通报》，2001 年 8 月。

消耗总量的提升；① 另一方面，虽然现代化进程使城市内部结构不断"进化"，城市抵抗自然冲击的能力不断加强，但也因过度集聚而面临生态脆弱、资源短缺、环境污染、气候变化、交通拥堵、疫情防控艰难、社会两极分化等一系列的生态和社会矛盾，严重削减了城市居民的福利。

城市化是不可阻挡的历史潮流。加快中国城市化进程是促进中国经济持续增长和城乡发展的强大动力，也是解决二元结构矛盾的根本出路。虽然城市在提高资源能源利用效率，解决生态环境问题方面具有无与伦比的潜能，但目前的城市发展范式和城市现代化趋势还存在诸多反生态的属性。我国人口众多、人均资源匮乏，人与自然和谐共生的城市现代化才是解决这一困局的关键。

公园城市是实现人与自然和谐共生的城市现代化的具体实践形式。2018 年习近平总书记在四川成都天府新区视察时首次提出公园城市的概念，"要突出公园城市特点，把生态价值考虑进去，努力打造新的增长极，建设内陆高地"。公园城市是在我国推进生态文明转型的大时代背景下关于城市建设的创新性论述，是我国社会主义生态文明制度下的城市发展新形态，为我国践行人与自然和谐共生的城市现代化提供了切实可行的思路和方向。

一　人与自然和谐共生的现代化

（一）如何理解人与自然和谐共生

1. 人与自然和谐共生的理论内涵

如何理解人与自然的和谐共生？价值理论提供了一个可能的视

---

① 季曦：《人与自然和谐共生的现代化是我国实现生态文明转型的重要路径》，《生态经济》2023 年第 4 期。

角。罗尔斯顿系统论证自然价值的时候，阐述了两个观点：①价值虽然是主观的偏好，但客观实在才是主观价值的源泉，所以价值客观地存在于自然之中，自然及其万物的价值不是人类给予的；②自然的客观价值是一种不依赖他者之目的的内在价值。① 在个体层面，自然界中的有机物是自我维护、自我生长和自我再生的生命体，它在守卫某种使其成为其自身的东西，它的出生、生长和消亡并不为了他者的目的。在整体层面，自然系统本身就是有价值的，它能创造万物，其中包括有生命的万物。诺贝尔经济学奖获得者阿马蒂亚·森用内在性价值和工具性价值对这种价值观进行了诠释。内在性价值指的是不因外在而具有的价值，而工具性价值则是对一个本体而言具有有用性的价值，用经济学的概念来说，就是具有效用的事物。②

经济学家的主流观点认为今天人类面临生态环境问题的根源在于人类没有意识到生态环境的价值，成本和收益、价格，人类所有决策所参考的信息里面都没有体现生态环境的价值，这导致了人类对生态环境的无序开发和滥用。因此，沿着这个思路，经济学家们在技术操作层面提出了行之有效的解决方案，就是想办法体现自然的价值，其中一个最直接的办法就是给自然一个价格，从而将自然纳入人类的决策参考信息系统中来，从而实现更可持续地利用自然。从这个意义上来说，经济学家理解的人与自然和谐共生的价值基础是：如何更有效地、更可持续地发挥自然的工具性价值。

重视自然的工具性价值当然比无视自然的价值进了一大步。但问题在于，在开发自然的工具性价值时忽视了资本的逐利性和短视性，一味强调自然的商品属性时也忽视了自然作为基本维生的公共物品的

---

① 〔美〕霍尔姆斯·罗尔斯顿（Holmes Rolston）：《环境伦理学：大自然的价值以及人对大自然的义务》，杨通进译，中国社会科学出版社，2000。

② 〔印〕阿马蒂亚·森（Amartya Sen）：《以自由看待发展》，任赜、于真译，中国人民大学出版社，2002。

属性。从价值理论的角度来说，工业文明向生态文明转型的一个重要基础，就是要意识到自然的基础性意义。一方面，自然的繁荣是文明得以生生不息的物质基础；另一方面，自然本身就构成了文明的一部分。因此，生态文明与工业文明的差异至少在于对自然价值的认知，因为这决定了人与自然作用的方式。生态文明要得以延续和繁荣，需要进一步调整对自然价值的认知。要实现人与自然的和谐共生，不仅要重视自然的工具性价值，开发、转换和增加自然的工具性价值，还要重视自然的内在性价值。"我们既要绿水青山，也要金山银山。宁要绿水青山，不要金山银山，而且绿水青山就是金山银山"就是对自然价值认知的革新。

2. 生态文明框架下人与自然的和谐共荣

从这个角度回顾一下文明演替的历史，可以发现，人与自然的关系可以作为划分文明阶段的重要参考指针。进入农业文明前，人类以采集、狩猎为生，对自然保持着原始的仰赖，此时人类还保持着纯粹的自然属性，与自然是一种原始的共生关系，与自然一体，是自然的一部分。从茹毛饮血的原始文明进入农业文明，人类逐渐掌握了一些自然规律，开始以农业的方式主动驯化和改造自然，以自然为人类所用，但依然尊重自然，以自然为农业价值的源泉，并保持着人类原初的节制，人类开始由原始的自然属性中剥离出来并发展出社会属性，但依然敬天畏地，葆有人类自然属性的谦卑。[1] 这时人与自然是朴素的共生关系，人类正视自身在自然界的渺小，对自然怀着敬畏之心，不仅仅有节制地、可持续地利用自然，更以自然为人类续存的价值前提。

工业文明时期人与自然的关系发生了翻天覆地的变化，人类以工业化手段"改天换地"，并不断实现自我发展，人类完全脱离了其自

---

[1] 季曦：《人与自然和谐共生的现代化是我国实现生态文明转型的重要路径》，《生态经济》2023 年第 4 期。

然属性，发展出凌驾于自然之上的社会属性，以技术为手段改造并征服自然。工业文明固然创造了令人惊叹的财富积累，但也留下了"生态退化、环境污染、资源耗竭、贫富鸿沟加深、社会公平缺失"的待解难题。推动工业文明向生态文明转型成为当今世界共同的追求。

生态文明内在地要求人与自然的和谐共生，这既是生态文明要实现的目标，更是实现生态文明的唯一路径。生态文明要求人与自然和谐共生的愿景不是要倒退回低福利水平的原始文明和农业文明时期与自然共生的状态。生态文明是人类文明的高级阶段，实现人类发展是文明进步的终极目标，因此，生态文明大背景下的人与自然的和谐共生是要在保证人类福祉水平的情况下实现人与自然的共荣——人类要进一步发展，自然也要更加欣欣向荣。自然是实现人类发展的基本物质基础，自然的繁荣能够促进人类的发展，人类的进步又能正反馈于自然，保护自然，培育自然，并周而复始，生生不息。要实现人与自然的和谐共荣，除了要重视自然的工具性价值、不断促进自然工具性价值的增长，还应该重视自然的内在价值。只有正视自然的内在价值，重视自然的基础性、前提性、系统性，才能真正实现一种"你中有我、我中有你"的人与自然的和谐。

（二）为什么要走人与自然和谐共生的现代化之路

纵观人类社会经济发展历史，全球现代化进程滥觞于 15 世纪前后大航海时代，并于 18 世纪工业革命之后迅猛掀起，[①] 之后全球现代化进程大致可以分为四个主要的阶段。

第一阶段是工业革命时期。在这个时期的现代化进程引领了一系

---

① 季曦：《人与自然和谐共生的现代化是我国实现生态文明转型的重要路径》，《生态经济》2023 年第 4 期。

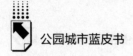

列重大的变革，包括采用了新的机器和生产方式，改进了交通运输、建筑工程和通信技术等。这些变革带来了显著的经济增长和技术进步，也增强了国家权力和现代国家的发展。同时，工业现代化也加剧了这一时期人类对自然的大规模开采，导致了诸如大气污染、水污染和土地破坏等严重的环境问题。

第二阶段是帝国主义和世界大战阶段。这个时期的现代化进程伴随着侵略和战争，对自然环境造成的影响是全方位、深远和复杂的。自 19 世纪中叶以来，帝国主义国家通过对殖民地掠夺、压迫来满足本国工业现代化发展的需要。大量矿产、森林等自然资源等被掠夺，导致原生态系统遭受严重破坏。战争期间，大量资源被用于推进武器现代化，比如转基因生物武器、化学武器、核爆等，地球承受着前所未有的资源消耗和环境破坏。以两次世界大战为例，在这些战争中，各国进行了加速战时生产、巨额军备竞赛，使得地球资源遭受空前的过度开发、滥用和破坏。

第三阶段是二战以后。全球现代化进程在这个阶段主要集中在经济领域，各国都注重发展新的技术和工业体系作为经济增长的手段，世界经济高速增长，出现了现代化的"经济奇迹"。同时，战争之后，人口开始迅猛增长，并伴随着现代化和城市化规模不断扩大、人口爆炸的影响。生产和消费的激增，石油和天然气等化石燃料的广泛使用使世界能源消耗量急剧增加，导致了全球气候变化和环境破坏等问题。

第四阶段是后工业化时代。这个阶段的现代化进程是由技术革新和全球化的影响推动的。现代化进程的重心从重工业和制造业向服务和信息产业转移。这个阶段的现代化进程中出现了新的社会分层和不平等，也带来了新的问题和挑战。全球化使全球经济更为紧密地联系在一起，技术创新也带来了巨大的发展动力。全球经济已经成为一个整体。国家之间的贸易和资本流动日益增加，并且国际合作和贸易协定越来越普遍和重要。同时，大规模消费主义经济的发展也导致了环境损坏，如气候变化、土地利用变化和生物多样性丧失等问题。

总的说来，全球现代化进程是由西方掀起并主导的、发展中国家跟进的，是一个历经数百年，依次伴随工业化、城市化、全球化、信息化而推进的工业文明现代化进程。工业文明内在的世界观、价值观和发展观决定了工业文明现代化的反生态属性。由于这些内在的反生态属性，工业文明现代化进程对人类安排自然和组织自然的进程缺乏整体的、动态的、连续的思维模式，也必然导致"只见树木、不见森林"，只看眼前、不看长远，只看现象、不见本质，"头痛医头、脚痛医脚"，本位主义、局限思考等一系列不利于人与自然持续协调发展的后果。①

回顾历史，这场工业革命之后迅猛掀起的全球性现代化浪潮对全球经济和人类文明确实都产生了深远的影响。随着交通、通信等迅速现代化，这股现代化浪潮很快波及全球，不仅重塑了全球经济形态——把人类从一种低消耗、低排放，但也是低增长、低福利水平的"农业经济"带到了一种高增长、高福利水平，却高消耗、高排放的"工业经济"，同时还重塑了人类文明形态——瓦解了一种以敬畏自然、尊重自然、顺依自然为基调的"农业文明"，构建起了一种以改造自然、战胜自然、攫取自然为基调的"工业文明"，引致了经济、社会、政治、文化、思想、技术、制度等全方位的转型。西方现代化在促进经济增长、技术进步、思想革新、制度变革等方面的成就毋庸置疑，但西方工业现代化给世界带来的挑战也是前所未有的。伴随着高速物质生产而出现的精神匮乏、道德沦丧、贫富分化等问题让人们始料不及，环境污染、生态破坏、气候变化

---

① 季曦：《人与自然和谐共生的现代化是我国实现生态文明转型的重要路径》，《生态经济》2023 年第 4 期。

等问题更是愈演愈烈。在全球现代化浪潮掀起以前，人类以适度的方式干预自然，人对自然保持着一种原始的理性和克制。现代化初期，全球生态环境问题也还是呈局部和点状分布的，随着工业现代化的不断扩张，全球生态环境问题也发生了结构性变化——不仅仅由局地外部性问题转变为了全球性外部性问题，更由部分资源环境约束转变为了全局的生态约束。虽然全球现代化提高了人类的能源、资源的代谢效率，但"杰文斯悖论"指出的"反弹效应"使效率提升的同时也导致了能源、资源消耗总量的提升，并进而造成了生态环境的恶化。

由于先发国家最初掀起现代化浪潮时，资本主义生产还处于初级规模阶段，还没有完全摆脱对以自然为基础的"农业经济"的依赖，即便 20 世纪初资本主义生产方式的巨大潜力被充分发掘出来了，那时整个人类社会经济还未触碰到生态极限，局部的资源能源和生态环境问题可以通过产业转移、国际贸易等方式转移或转嫁到"空旷"的国家和地区去。所以先发国家的现代化并没有受到太多来自生态环境的困扰和制约。然而，后发国家在复制、移植西方现代化模式时却面临着诸多的局限，也因此落入了一系列社会、经济和环境等发展陷阱，难以为继。① 现如今，生态环境已经是全球性的问题，经济扩张，人口膨胀，工业化、城市化、全球化进程的全面推进，导致全人类和全球各国不得不共同承担由气候变化、臭氧层损耗、生态恶化、生物多样性锐减、资源耗竭、环境污染等带来的严重后果。发展中国家不可能也不应该再通过境外转移或转嫁的方式回避现代化进程的生态环境成本，只能探索一条真正有利于人类永续生存和发展的现代化道路。

① 季曦：《人与自然和谐共生的现代化是我国实现生态文明转型的重要路径》，《生态经济》2023 年第 4 期。

二　人与自然和谐共生的城市现代化

（一）城市化与城市现代化相辅相成

关于城市化的定义不同领域学者众说纷纭，但城市化主要包括以下几个方面已经是基本共识：人口由乡村向城市迁移、农村土地转换为城市用地、城市生产和生活方式的扩散等。城市现代化是由传统社会向现代城市社会多层次多维度的转变过程，是城市人口、经济、政治、文化等各方面的发展和进步的过程。城市现代化包括人和文明的现代化、经济社会的现代化、生活生产方式的现代化、基础设施建设的现代化、城市治理的现代化、人与自然关系的现代化等方方面面。城市化与城市现代化是一个国家或地区现代化历史进程的重要组成部分，是人类社会发展不可分割的两个方面。

从过去两百多年全球城市化与现代化的一般进程来看，城市化与现代化之间呈现相辅相成的关系，两者既互相促进又相互制约。

第一，城市化与现代化都是以工业化为前提与动力的。工业革命和工业化推动了城市化的多维进程。工业化使城市产生了巨大的聚集能力，吸引着越来越多的人流、物流、资金流和信息流，使城市功能和结构不断发展，城市化程度不断提高。第一次现代化转型也是由工业革命开启，继而推动社会分工深化细化，为传统农业转型创造条件，使大部分发达经济体从传统乡村社会转向现代工业城市社会。

第二，城市化是现代化的基础。作为一个国家和地区现代化的重要空间载体，城市在现代化进程中始终发挥着难以替代的中心作用。城市是现代化生产和创新的中心，其经济、文化和社会各方面的发展，对现代化起到了至关重要的作用。城市的发展促进了产业的升级和转型，推动了现代化产业的发展；城市承载了现代化的思想和文化，促进了现代文化的多元和繁荣。城市化的加深，为现代化的发展注入了新的活力和动力。一个国家和地区的城市化程度越高，则城市的聚集和辐射能力越强，城市中的劳动力市场与消费市场也越大，也就越有助于促进城市商业、金融、保险、交通运输等第三产业的发展，从而越能推动城市经济功能的多样化和城市现代化程度的提高。2013年12月，习近平总书记在改革开放后首次中央城镇化会议中强调："城镇化是现代化的必由之路"，并表示"推进城镇化是解决农业、农村、农民问题的重要途径，是推动区域协调发展的有力支撑，是扩大内需和促进产业升级的重要抓手，对全面建成小康社会、加快推进社会主义现代化具有重大现实意义和深远历史意义"。

第三，现代化是城市化的助推力。现代化的发展促进了城市化的深入，为城市化注入了新的能量。现代化的各种成果，如先进的通信技术、高效的交通系统、先进的医疗设备等，都为城市化的发展提供了有力的支撑。城市的现代化程度越高，其经济功能和社会结构越好，城市的集聚效应、规模效应和辐射效应也越大，从而进一步推动城市化的能力也越强。

然而，不合理的现代化进程也给城市带来了负面的影响。比如，随着城市现代化进程的推进，城市的资源、环境压力剧增，城市贫困、二元极化等社会问题也愈演愈烈。此外，城市的现代化还带来了文化同化和文化流失等问题，亟须重视。

（二）城市是实现人与自然和谐共生的关键

城市已经成为全球的主宰，深刻地塑造着全球经济和环境。自工业革命以来，城市扩张速度迅猛。从人口规模来看，1800年全球居住在城市的人口仅占总人口的2%，1900年世界上城市人口占总人口数的13%，2000年这一占比变为47%，而2021年全球有56%的人口居住在城市①。其中，全球城市化程度最高的地区北美洲城市化率已经达到 82%，拉丁美洲和加勒比地区 81%，欧洲 74%，大洋洲 68%，亚洲的城市化水平为 54%，非洲的城市化率也已经达到 43%②。近几年城市化进程有所减缓主要是受疫情所累，但正如联合国人居署的研究指出，全球快速的城市化进程只是暂时被新冠疫情所耽误，全球城市人口的增长正重回正轨，预计到 2050 年将新增 22 亿。到 2050 年全球城市人口的占比将从 2021 年的 56% 上升至 68%③。

改革开放以来，我国的城市化进程更是以惊人的速度向前推进。预计到 2035 年，我国的城市化率将达到 70%，我们用几十年的时间完成了其他国家上百年才完成的进程。因为人口基数庞大，我国在城市化进程中的人口迁移数量惊人。近几十年我国从乡村迁往城镇的人口总数有 9 亿多，这个人口规模相当于目前世界上 21 个发达国家所实现的城市化人口规模的总和④，为世界城市化进程做出了巨大贡献。

城市化以及城市发展为推动全球经济社会发展做出了不可估量的贡献。然而，在肯定城市化所取得的巨大成就时，也不能回避城市发展和城市化进程所面临的问题，尤其是一直伴随城市化进程的资源消耗和生态环境破坏问题。根据联合国人居署的统计，虽然城市只占地球表面不到 2% 的面积，但城市消耗了全世界 78% 的能源，贡献了 60% 的温室气体排放。在我国，城市更是碳排放的主要贡献者，占了约 80% 的碳排放份额。减碳成为我国城市发展的硬约束。未来二十年，城市是中国实现碳中和目标的主战场。

此外，城市化造成的土地资源减少和土壤污染的问题也亟须关

---

① 世界银行，2021，https：//www. worldbank. org/。

② 联合国经济和社会事务部：《世界城镇化展望（2018 版）》，2018。

③ 联合国人居署：《2022 世界城市状况报告：畅想城市未来》，2022。

④ 世界银行，2022，https：//www. worldbank. org/。

注。相关研究表明，从 1985 年至 2015 年，全球城市面积净扩张率为 80%。用城市结构取代自然土地会产生多种环境后果。一项对全球的研究①发现，与 2001 年相比，2018 年城市化导致地表反照率下降使全球 100 年平均年变暖 0.00014℃。如果没有适当的缓解措施，在中等排放情景下，2050 年和 2100 年相对于 2018 年的未来城市化将分别产生 0.00107℃ 和 0.00152℃ 的 100 年平均变暖效应。此外，世界各地进行的研究证实，在过去十年中，城市土壤中的重金属污染在规模和程度上都有所加剧。城市土壤中高浓度的金属可能会限制光合作用，伤害根系，减少生长，最终导致植物死亡，从而直接损害作物。此外，重金属在这些土壤中的积累可能会损害土壤质量，从而限制受影响地区作物和树木的生长和产量。

由城市化的历史进程和未来趋势可知，城市化进程始终关乎人类社会经济的繁荣，也影响着全球可持续发展方向。城市是实现联合国可持续发展目标（Sustainable Development Goals，SDGs）的重要环节，是推进人与自然和谐共生的现代化的关键。

习近平总书记指出："建设人与自然和谐共生的现代化，必须把保护城市生态环境摆在更加突出的位置，科学合理规划城市的生产空间、生活空间、生态空间，处理好城市生产生活和生态环境保护的关系，既提高经济发展质量，又提高人民生活品质。"②

对我国而言，无论是从城市人口占比、城市经济体量占比，还是从城市集聚下的环境危机来看，城市都是我国实现人与自然和谐共生的现代化的重要环节。建设生态文明的倡议和实践正在深刻地塑造着我国各个层面、各个链条的经济、社会和意识形态，而这些影响必然会随着人口、物质、能量、信息在城市的交汇而放大。因此，在从工

---

① Albedo Changes Caused by Future Urbanization Contribute to Global Warning, https：//www. nature. com/articles/s41467-022-31558-z。

② 人民网，http：//theory. people. com. cn/n1/2021/0423/c40531-32085487. html。

业文明向生态文明转型的过程中，城市将会是影响最为深刻的地方，也将会是变革最为深刻的地方。

（三）城市在实现人与自然和谐共生的现代化中所做的努力

工业文明背景下的城市现代化进程引领全球不断冲击经济高峰，也给人们带来了前所未有的挑战。随着城市与生态系统的矛盾不断被激化，城市现代化进程也在摸索中不断创新。

在经历了英、美两国工业城市的弊病，目睹了工业化浪潮对自然的破坏后，英国著名的城市规划专家埃比尼泽·霍华德于 1898 年提出了"花园城市"的概念，[1] 其核心理念是使人们能够生活在自然环境良好的新型城市之中。花园城市这一具有生态理念的概念在全球城市建设中具有重要的影响。以花园城市这一概念为起点，一些新兴城市理念和实践在西方和中国慢慢兴起。

"卫星城市"这个概念也是由霍华德初次提出的，美国学者泰勒正式提出并且使用了这一概念。[2] 卫星城市是在花园城市的基础上演变而来，顺应了中心城市和周围城镇有密切经济联系的发展趋势。美国建筑师弗兰克·劳埃德·赖特在 20 世纪 30 年代提出了"广亩城市"，这一城市概念将分散作为城市规划的原则。[3] 这一理念实际上是"反城市"的理念。美国城市在 20 世纪 60 年代以后普遍的郊区化在相当程度上是赖特的广亩城市理念的体现。

我国城市现代化进程也从未停止探索。钱学森于 1992 年提出了"山水城市"的概念，强调城市文化和自然环境的融合，突出了城市

---

① Ebenezer H., *Garden Cities of Tomorrow*, Nabu Press, 2010。

② 马克伟主编《土地大辞典》，长春出版社，1991。

③ 〔美〕弗兰克·劳埃德·赖特（Frank Lloyd Wright）：《建筑之梦：弗兰克·劳埃德·赖特著述精选》，于潼译，山东画报出版社，2011。

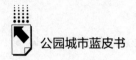

的美学价值。① 进入 21 世纪，随着可持续发展战略的推行，我国的生态城市建设方兴未艾，2003 年我国正式提出了生态城市规划的目标。然而，我国的生态城市建设多流于形式，成效较为有限，没能很好地实现经济、社会与环境之间的良性互动。2004 年，在首届中国城市森林论坛上，我国也提出了"森林城市"的概念，宗旨是"让森林走进城市，让城市拥抱森林"。

纵观花园城市等相关城市理念在国内外的演进历程，不难发现，相比传统的工业城市，以花园城市为起点的新兴城市概念不断尝试在城市规划中整合生态环境要素，强调生态环境的保护，使城市更具有生态关怀，同时也使城市更具有生态美学价值，为推进人与自然和谐共生的城市现代化提供了创新的模式。

然而仔细剖析后，我们发现这些新兴城市理念依然是以技术经济为手段的破碎化的应对——要么旨在通过合理的规划，提升城市的资源和环境利用效率，降低城市经济增长的生态成本，减少城市对生态环境的破坏和干扰（比如卫星城市、生态城市等），要么尝试将生态环境融入城市景观规划，逆转城市远离自然的趋势，从美学、人文价值上提升城市居民的生活品质（比如花园城市、广亩城市、山水城市、森林城市等）。关注城市生活和生产的资源环境效率，减少城市社会经济发展的生态成本，提升城市自然美学和人文价值，这些都是对传统工业城市理念的优化，遗憾的是，这些新兴的城市形态无论从理念上还是实践上都没有脱离技术经济这一核心框架，依然是以技术经济为手段的破碎化的非系统性的应对，经济还是经济，生态还是生态，两者并不是完全统一的关系，无法从根本上突破工业文明下城市现代化进程的困境。

---

① 鲍世行、顾孟潮主编《城市学与山水城市》，中国建筑工业出版社，1994。

三 公园城市是推进人与自然和谐共生城市现代化的有效实现形式

由于其科学的自然价值观和颇具前瞻性的规划设计理念，公园城市在推进人与自然和谐共生的城市现代化进程中具有值得预期的潜能，公园城市将成为实现人与自然和谐共生的城市现代化的有效实现形式。

（一）人与自然和谐共生是公园城市建设的内在要求

公园城市概念的诞生是我国推进生态文明进程落实到城市的实践，生态文明的核心逻辑——实现人与自然的和谐共生——将成为公园城市发展的内在逻辑。

公园城市是诞生在我国社会主义生态文明制度下的一个崭新的城市概念。与其他城市最本质的不同在于，公园城市对城市自然生态基底的基础性、前提性和系统性等内在价值的重视。

公园城市摒弃工业文明下过度依赖技术经济的旧思路，以"生态环境"为价值创造、实现、转化和增值的基础，这与我国建设生态文明的内涵是一致的，与实现人与自然和谐共生共荣的逻辑也是一致的。公园城市正视城市经济扩张造成的生态机会成本，注重开发和增值城市自然环境的工具性价值，更重视城市生态环境基底的内在价值，以城市的生态环境基底为价值创造、实现、转化和增值的基础，劳动、资金、技术是能够实现生态价值化的技术性条件。在公园城市的设计理念中，城市自然生态基底的重要性不言而喻。没有了生态环境这一维生的基础底盘，劳动、资金、技术等技术性条件再优越，技术经济也难以为继，更不用说社会结构的优化和意识形态的形成，社会经济必然枯竭；相反，如果重视生态环境这一基础底盘，保护好这

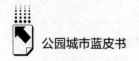

一基础底盘，并充分发掘这一底盘的价值创造、实现、转化和增值的潜能，城市经济便有希望获得长足发展的源泉。

总之，公园城市并非简单的"公园+城市"，不是在"城市里建公园"，而是在"公园中建城市"。公园城市是以公园为生态底盘，在这个底盘上实现价值的创造、实现和转化的，技术经济、社会结构和意识形态都是在这一基础上得以实现和发展的，技术经济能够帮助更有效地进行价值创造、实现和转化，但它不是基础，更不是目标。公园城市旨在基于更加可持续的价值转化基础和路径，为人们谋求更长久、繁荣和公平的社会福祉。在这样的价值观下，公园城市实现人与自然和谐共生共荣具有坚实的理论基础，也必然能够实现人与自然和谐共生共荣的美好愿景。

（二）公园城市在推进人与自然和谐共生城市现代化进程中具有不可比拟的优势

推进人与自然和谐共生的城市现代化进程，其根本出发点是应对工业文明下人类社会经济系统的脆弱性、不可持续性等问题，公园城市的普惠性、持久性、韧性和高效性等特点使其在推进人与自然和谐共生共荣的城市现代化进程中具有不可比拟的优势。

与以往的城市发展范式相比，公园城市具有普惠性、持久性、韧性与高效性等特点，主要体现在价值基础、发展逻辑和空间布局上的转变。

1. 价值基础转变，城市与自然共生共荣的绿色图景：从"生态与经济发展背离"向"生态价值创造性转化"转变

其一，推动产业生态化发展。推广"公园+产业"的发展模式，在绿色基础设施、循环经济产业园等建设中从理念到实践多方位倡导绿色低碳、节能环保的生产生活方式，推进产业全生命周期生态化转变，将公园城市发展理念贯彻于产业、产业园区等的发展与建

设中，实现低附加值向高附加值迈进、从"双高"向"双低"升级、从粗放向集约转型。其二，推进生态产业化转型。以园为核优化城市相关要素与功能配置，如公园绿地与商业服务业的统筹布局、传统业态与绿色空间的碰撞融合、文旅教培等新兴产业的生态价值等。

2. 发展逻辑转变，城市与园林交相辉映的绿色图景：从"单纯物质空间建造"向"以人为中心的场景营造"转变

建立"人、城、园"协同共享、和谐共生、发展共荣的发展思路，助力公园城市建设由"园在城中"转向"城在园中"，以人为核心推动城市发展方式转变，将人视为新产业、新经济的创新主体，将创新创业、人文美学、绿色生态、智慧互联等原本各自发展的动力因素进行统筹，并有机融入经济社会活动中，实现聚人营城，激发城市发展内生动力。同时，构建"三生空间"融合机制、基础设施统筹机制、学科部门行业联动机制等，形成和谐共荣的公园城市发展机制，实现生态美好、生产高效、生活幸福的目标愿景。

3. 空间布局转变，城市与绿地协同耦合的绿色图景：从"城市中建公园"向"公园中建城市"转变

生态绿地系统是城市生态系统的重要组成部分，对于改善城市环境、满足休闲需求、优化城市景观、防灾避灾尤为重要。成都公园城市建设的实践表明，通过构建多层次城市生态绿化体系，塑造"绿漫蜀都、花重锦城、水润天府"整体意象，形成"两山两网、两圈六楔；六环九廊、公园棋布；绿道交织、多维绿网"整体布局，推动城市与生态绿地系统协同耦合，可助力改变单核集聚、圈层蔓延的传统发展路径，以多尺度、多层次、网络化的生态绿地系统为依托构建城绿交融的美好场景。中心城区将实现绿环绕城、绿楔入城、绿网织城；城市新区以森林、湿地、农田、绿地景观构筑生态绿廊，构建高品质蓝绿空间网络，形成城市形态与绿色生态嵌

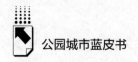

套耦合，促进城园相融、联动发展；郊区新城坚持因地制宜、保山护水、增绿塑景，凸显产城融合、生态宜居、特色鲜明，探索公园城市乡村表达。

（三）公园城市推进人与自然和谐共生的城市现代化路径

1.围绕厚植绿色生态本底，高品质建设，夯实公园城市建设的生命共同体实现路径

优化城市空间布局、公园体系、生态系统、环境品质、风貌形态，满足人民日益增长的优美生态环境需要。

第一，锚固自然生态本底，践行生命共同体理念，培育人与自然和谐生境。建设践行"绿水青山就是金山银山"理念的示范区，把良好生态环境作为最普惠的民生福祉，将好山好水好风光融入城市，塑造城园相融、蓝绿交织的优美格局，建设绿意盎然的机遇之城。凸显格局之美、生境之美、环境之美和绿境之美，构筑三生共荣的城乡格局、人与自然共生的和谐生境、碧水蓝天的优美环境与绿意满城的公园绿境，建设人与自然和谐共生的现代化城市。以青山、绿道、蓝网为重点，筑牢生态基底。加强生态保护与修复，使城市在自然山水中有机生长；打造交融山水、连接城乡、覆盖全域的生态绿脉，让城市之美宜游宜栖、可感可及；依托百河为脉、千渠入院、万里织网的水系蓝网，打造蓝网体系。最终，通过青山、绿道、蓝网串联生态公园、郊野公园、城市公园等，重现锦绣盛景。

第二，构建"园—城"共生的公园城市发展路径，塑造全域公园城市大美格局。通过"名园塑城""拓园补城"等策略实现旧城复兴，提升居民幸福感和获得感。针对老城核心区公园日渐衰败的状况，以公园城市的优美形态为引导，重塑城园界面、重构空间秩序，以点带线、以线带面实现空间优化。同时，针对多而散的废弃地、边角地、山体等"绿色补丁"，以公园为中介点、催化剂，作为触媒激活城市要素，营造"城由园系、园城交融"的公园城市空间意象，从"城市中建公园"向"公园中建城市"转变。

第三，构建"景—城"共荣的公园城市发展路径，实现公园城市空间功能双统一。通过"文景交织""景城合一"等策略实现城市与景观融合、保护与建设统一。其一，梳理景观生态要素，建立城市风貌与景观生态的多重系统循环连接，针对要素间的空间形态与开发利用设定规划引导，实现功能的多元性和空间组织的丰富性。其二，根据城市土地肌理与自然空间形态，划定生态景观保护区、城市景观展示区、城景融合发展区等，以城景联动发展的轴线与纽带，有机融合城景，实现城景协调。

2. 围绕创造宜居美好生活，高质量发展，筑牢公园城市建设的民生福祉提升路径

开展高品质生活城市建设行动，推动公共资源科学配置和公共服务普惠共享，为人民群众打造更为便捷、更有品质、更加幸福的生活家园。

第一，营造城园融合、全龄友好、舒适便捷的品质生活，从"无感增长"向"有感发展"转变。城市建设中彰显公园城市品质和空间特色。从居住、工作、游憩、交通等人的活动出发，建设星罗棋布、类型多样的公园体系，塑造蓝绿交织的特色廊道空间，实施高效集约的 TOD（Transit-oriented development，以公共交通为导向的开发）综合开发，推动多元复合的地下空间利用。通过活力开放街区的营造、优质公共服务的共建共享、健康多元的游憩体验、融汇古今的人文感知等，创设人与人的沟通交流空间，增进公园城市背景下公众的获得感。

第二，回归人本逻辑，聚焦"公共"属性，实现优质均衡的设施配置。以公共服务供给侧改革为总体抓手，创新公园城市公共服务的供给方式，形成政府、市场、个人等多方共同参与的公共服务高水平供给体系，建成完善的覆盖城乡、涵盖全人群的高标、优质、标准的公共服务体系，为提升居民生活品质创设条件。围绕优质公共服务设施供给，构建15分钟两级社区生活服务圈，构建"基础保障类+特色提升类+重大区域型"公共服务体系，提供满足居民日常生活所需的教育、文化、体育、医疗、养老等基本公共服务；根据新时代、新背景下居民"吃住行游娱购"的需求逐步转向"商养学闲情奇"的状况，充分考虑并创新人本化设施与活动空间，以增强互动、提升感知、多元趣味等为宗旨，创造休闲绿道、园林导览、都市农业等丰富多彩的游憩体验；针对居民出行难、方式少的交通出行困境，以简约、高效、健康为宗旨，构建"轨道+公交+慢行"的绿色低碳循环公共出行方式，形成体验丰富、效率领先、舒适便捷的交通系统网络，并聚焦通勤、通学等日常需求创新探索特色鲜明的"上班的路""上学的路"。

第三，促进城乡融合，创新公园城市的乡村表达路径。推动城市乡村互促共融、毗邻地区融合发展，使"过渡低价值地带"向"公园城市试验田"转变，发挥公园城市理念在区域发展中的引领作用。从空间结构、用地布局、配套节点等方面确定城市公园与其他空间要素的衔接，营造绿色发展理念下的公园城市示范区，促进城乡二元格局向城乡融合型新城的积极转变。根据与城市距离的远近规划不同乡镇的发展路径，遵循"近城融城、远城进镇"的发展策略，构建近郊乡镇公共服务差异化体系和乡村社区生活圈；有序推进乡镇产业"接二连三"发展，借乡村振兴的东风最大限度发挥产业发展的带动作用；凸显城乡景观界面和空间形态特征，保育并维护公园城市近郊乡村地区的特色。

3. 围绕营造宜业优良环境，高水平开放，探索公园城市建设的产城融合多元路径

围绕增强城市内生增长动力和可持续发展能力，健全绿色低碳循

环发展的经济体系，推动壮大优势产业、鼓励创新创业、促进充分就业相统一，使人人都有人生出彩机会。

第一，优化产业组织模式，提升公园城市竞争力。以建设具有全国影响力的经济中心为目标，着力构建现代产业体系、优化生产力布局，突出创新驱动、强化功能支撑，以产业生态圈引领产业功能区高质量发展，既是落实推动行政区、经济区适度分离改革的重大探索，又是优化城市空间布局、重塑产业经济地理的战略抓手。其一，以产业生态圈和产业功能区为产业发展新空间载体，前者以高效协同、共建共享为特点，后者以产城互促、职住平衡为特点，二者相互配合以实现空间与功能的互促。其二，以策源地、承载区、环高校知识圈、双创空间等组成科创空间体系。其三，深入推进宜业环境优化等行动，提高宜业、宜商、宜游品质，建设宜业的示范区、活力迸发的机遇之城。

第二，创新场景发展逻辑，引领公园城市高质量发展。借助新场景营造培育壮大新经济。应用场景是提供新技术以商业化的应用支点，具有连接新产品与市场需求、提供市场促进商业模式迭代等多重功能，是试验空间、市场需求和弹性政策的复合载体。通过主动培育和供给丰富的应用场景，为新经济企业发展提供应用、制造需求、创造机会，促进新技术推广应用、新业态衍生发展、新模式融合创新、新产业裂变催生，推动新经济从创新走向应用、从概念走向实践。通过高水平产业功能区，促进生产性服务新场景营造以及生产生活消费场景相融合。同时，倡导主要功能配套、生活需求在产业功能区解决，加快生产、生活、生态空间与消费场景、商业场景有机融合，建设集成生产空间、商业街区、生活社区和公共服务的产业社区。

4.围绕健全现代治理体系，高标准规划，织密公园城市建设的转型发展关键路径

践行人民城市理念，发挥政府、市场、社会各方力量，深化重点

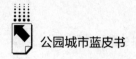

领域体制机制改革，建立系统完备、科学规范、运行有效的城市治理体系，为城市更健康、更安全、更宜居提供保障。

首先，筑牢底线思维，优化公园城市空间形态与结构。以"三线控制"保障公园城市空间本底，实现生态空间山清水秀，生产空间集约高效，生活空间宜居适度。"三线"是调整经济结构、规划产业发展、推进城市化不可逾越的红线。为此，应坚持划定永久基本农田，坚决制止耕地"非农化"，防止耕地"非粮化"，保护适宜农耕的良田沃土；坚守生态保护红线，设立自然保护地体系，保护生物多样性；推动城市存量挖潜和内涵提升，坚持以水定人、以水定城，限制城市的无序蔓延。

其次，深化经济地理重塑。以成都市为例，推动城镇空间格局从"两山夹一城"向"一山连两翼"转变。坚定实施"东进、南拓、西控、北改、中优"分区差异化发展战略，西控区域全面推动绿色转型，建设国家城乡融合发展试验区；中优区域实施推进以"留改建"为主的有机更新，充分利用剩余空间打造精致营城、惊喜不断的金角银边；东进区域以先进制造业与生产性服务业为引领带动，建设成渝相向发展的重要试验田；南拓区域以高质量发展先行先试区与公园城市理念生根落地的示范区为建设重点（"示范区中的示范区"）；北改区域建设成为连接欧亚的陆港门户枢纽和产贸结合的高质量发展先行区。

最后，从增量扩张型规划向存量重构型规划转变，形成新旧协调、"巴适和美"的公园城市发展空间。以"城市双修""城市针灸"等为存量空间活化的有机更新策略，遵循城市传统肌理和历史格局，遵循以"活化保育""创新创意创业"等为具体手段和策略，推动以"留改建"为主导的三旧改造、场景营造和业态更新，促进城市风貌现代精致，实现存量空间效率提升，促进街巷院落焕发新生。以多维规划策略赋能增量空间，形成城市—片区—社区—街道的空间发展模式，构建园城交融、人城共生的和谐城市空间格局，嵌套式、组群化布局的城绿交融片区空间布局，"开门见绿、推窗见景"的公园城市社区生活环境，以人为本的公园城市街道场景，塑造疏密有度、错落有致的城市风貌。

四　公园城市实现人与自然和谐共生的城市现代化测度

（一）指导思想

1. 契合生态文明建设的价值导向

公园城市理念是习近平生态文明思想指导下关于城市规划建设新要求的具体深化，是高质量发展理念在新时代新阶段城市规划建设中的重大突破，是实现生态美好、生产高效、生活幸福的重要路径与创新探索。党的十八大提出，将生态文明建设与经济建设、政治建设、文化建设、社会建设合力形成"五位一体"总体布局，为"建设美丽中国、实现永续发展"奠定坚实基础；党的十九大提出，"坚持人与自然和谐共生，为全球生态安全作出贡献"；党的二十大明确，人与自然和谐共生的现代化是中国式现代化的内涵之一，是党全面领导生态文明建设，积极应对资源环境紧约束、绿色低碳可持续发展、人民群众共建共享生态福祉、生产—生活—生态和谐共融、积极参与全球生态文明建设的现代化。此外，习近平总书记在全国生态环境保护大会、北京世界园艺博览会等场合亦强调"共谋全球生态文明建设"，号召"共同建设美丽地球家园，共同构建人类命运共同体"。从美丽中国迈向美丽地球家园，从民族永续发展迈向人类生命共同体，公园城市理念与规划建设模式是中国智慧的不断探索、不断创新，为夯实全球生态文明建设基础做出重大贡献。

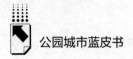

2. 坚持以人民为中心的发展初衷

习近平总书记 2018 年在四川视察时首次提出"公园城市"理念，并就公园城市特点的彰显、内陆开放高地的建设、乡村振兴排头兵等形成系列指示。及后，习近平总书记在参加首都义务植树活动时再度指出，"一个城市的预期就是整个城市就是一个大公园，老百姓走出来就像在自己家里的花园一样"。在此背景下，中央财经委员会第六次会议明确，大力推动成渝地区双城经济圈建设；中共中央、国务院印发《成渝地区双城经济圈建设规划纲要》，明确支持成都建设践行新发展理念的公园城市；国家发展改革委、自然资源部、住房和城乡建设部联合印发《成都建设践行新发展理念的公园城市示范区总体方案》，探索山水人城和谐相融新实践和超大城市转型发展新路径。不同于花园城市、生态城市等经典理论，公园城市的内涵本质更多地体现在"公"与"三生"即生态、生活和生产的相互协调，强调了公平公正、共建共享、惠益民生等，在公共空间的营造、公共服务的提供上实现"人民城市人民建、人民城市为人民"的初衷。

3. 践行富有中国特色的转型路径

从城市公园到公园城市，从小尺度、局部区域的城市公园到区域性、整体布局的公园城市，国际发展趋势与国内发展实践逐渐形成相统一的美学、人居、经济、治理等时代价值。在代际变幻的美学价值上，"千城一面"与"大城市病"共同导致城市美学价值品位受影响，公园城市发展理念亟须面向大众审美、彰显地方特色、呼应未来发展；在供需耦合的人居价值上，实现人与自然的和谐共生、实现生态本底条件与城市空间形态、人群时空行为等相互适应，是构建美好人居环境的核心要义；在相互转化的经济价值上，不仅仅局限于物质层面的规划建设，更需要高水平、高质量地促进生态产品价值实现，是践行"绿水青山就是金山银山"理念的关键路径；在公众参与的治理价值上，通过构建公园城市治理体系与提升公园城市治理能力，实现高质量发展、高品质生活、高效能治理相结合。从全球城市规划建设理论与实践来看，公园城市的提出是以传统营建智慧为核心的"中国方案"，是针对中西方在治理制度、文化传统、地域特征等方面的巨大差异，以及对人与自然和谐共生演进态势、城市经济社会发展规律等的深邃洞见，对成都本土生态特征、历史文化底蕴等的科学把握，从而探索城市可持续发展新形态、新路径、新模式，充分展现中国特色社会主义的道路、理论、制度和文化自信。

公园城市理念代表了对我国城市生态和人居环境建设的高度认知，是新时代新发展理念在我国城市发展中的全新指导性实践，也是我国城市规划建设理念的历史性飞跃和有效解决当前我国城市发展问题的最佳途径，无疑将在我国经济社会发展史上具有举足轻重的战略意义、在城市规划建设史上具有开创性现实意义。公园城市建设是贯彻落实创新、协调、绿色、开放、共享发展理念的生动实践，是"以人民为中心"思想的积极落实，是构建人与自然和谐共生的理想蓝图，是对山水园林城市理念的继承与发展，是塑造新时代城市竞争优势的重要抓手。可见，公园城市是统筹生产、生活、生态三大布局，积极探索高质量发展，追求让"城市自然有序生长"的城市发展高级形态，引导城市发展从工业逻辑回归人本逻辑，是全面促进经济社会高质量发展的城镇建设理念，更是全面体现现代城市发展与自然生态保护互促互进的绿色城镇化发展新模式。

（二）经验借鉴

公园城市理念是在充分吸收了国外田园城市、花园城市、韧性城市、新城市主义及国内山水城市、园林城市、生态城市、森林城市、生态园林城市等一系列城市规划理论与思想精华的基础上形成的，着力强调以生态文明思想为基本遵循，按照生态城市原理进行城市规划设计、施工建设、运营管理，以绿量饱和度、公园系统网络化为主要标志，兼顾生态、功能和美学三大标准，实现生命、生态、生产、生活高度融合，运行高效、生态宜居、和谐健康、协调发展的人类聚居环境。比花园城市更具有人文意蕴，比园林城市更具有自然风味，比生态城市、生态园林城市更具有人文关怀与发展特性，突出以生态文明为引领的发展观，以人民为中心的核心价值观，构筑山水林田湖城生命共同体生产生活生态高度和谐统一的大美城市形态，是我国新时代城市发展新阶段提出的新理念、新形态和新模式。

1. 国外公园城市评价相关研究

从评价视角与评价内容看，国外公园体系建设起步早、发展快，相关研究也逐渐从关注公园体系基本属性价值、多维功能转向关注其为人服务的多元价值。早期的评价相关研究多从数量规模等基本属性出发，探究其对城市生态、景观的改善作用或对城市格局的优化作用。随城市化进程加快，评价内容开始转向影响公园建设发展的外部因素等相关方向。随着对生态与人类的关系理解的深化，公园评价相关研究从公园与人的关系视角切入，评价内容侧重于公园的可达性、服务能力及公平正义等维度。

从评价指标来看，所使用的评价指标往往能从不同维度反映公园体系不同特征，相关研究指标的选用多集中于以下几种类型。属性类指标，主要包括规模、类型、丰富度等，相关研究多集中于探究影响居民选择并使用公园绿地的因素；环境类指标，主要包括但不限于绿化植被、景观、设施及维护情况等；居民使用相关指标，主要用以评价公园绿地的使用情况、市民的使用偏好及影响因素，近年来学者更加关注公园绿地的公平正义。

从评价尺度范围来看，国外相关研究覆盖了从微观到宏观的不同尺度范围，以实现不同的评价目标。相对宏观的评价研究则涵盖城市、州（省）、区域乃至全国范围，多从空间公平、社会正义等视角切入，探究空间、人群属性等不同维度的公园系统服务特征；相对微观的研究多以公园个体为对象，聚焦于单体公园的建设水平及服务能力，进行景观质量、设施完善性、可达性等方面的评价。

2. 国内公园城市评价相关研究

国内公园体系相关研究起步较晚，评价视角与内容逐渐由单一转向多元，随着"以人民为中心"理念深入发展，评价视角逐渐由绿本转向人本。

从评价视角与内容来看，综合功能评价，基于城市发展等综合视角，针对公园或公园体系的单一及整体功能，或生态、经济、社会效益及对城市发展所起到的促进作用等方面进行评价；结构布局评价研究，以景观生态理论、游憩理论、空间公平等理论为基础，进行公园绿地、公园体系的景观结构、分布格局等评价研究；服务水平评价，基于多元化的数据来源，利用能够充分反映人群分布与行为特征的大数据类型对公园绿地、公园体系的服务水平及能力进行评价。

从评价尺度与评价指标来看，评价尺度或从宏观方法论出发，针对评价方法、指标等层面进行定性与定量探讨，或从微观尺度对城市内部区域或具体类型公园进行评价。国内公园体系发展早期以提量为主，随着城镇化进程加快、人民生活水平提高，公园体系逐渐由增量转为提质模式，相关评价指标的选用也呈现"由量到质"的转变。数量型指标，多以人均公园面积、公园率等基础指标衡量公园体系的基本建设情况；在运用数量型指标的基础上，众多专家学者着手拓展结构型指标用以评估公园及公园体系的结构、布局合

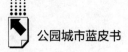

理性；质量型指标，随着城镇化进程加快，公众对游憩生活的需求提高，促使学界开始关注公园及公园体系的生态、社会外延功能及公园服务质量；随着我国公园绿地建设水平不断提高，专家学者逐渐开始关注公园绿地及公园体系的长时段动态发展演变情况，从而对公园体系的未来发展提供理论参考，即关注动态型指标；官方机构发布的公园相关评价标准、条例中，公园绿地相关指标的发展演变也呈现从重量到重质再到量质并举的态势，从《城市用地分类与规划建设用地标准》到《城市园林绿化评价标准》，再到《公园城市评价标准》，评价指标也越来越细化至更深层次、更广维度，从而推动相关研究从不同层面对我国城市公园绿地建成发展情况进行科学评价。

（三）评价导向

从问题导向考虑，筑园层面存在城市生态空间被挤占、生态环境超载、生态功能退化、生境破碎、污染严重等问题；营城层面存在城市特色风貌缺失、出现"千篇一律、千城一面"等问题；人本层面存在绿色空间品质与功能低下、生活服务设施缺失、公众归属感和幸福感较低等问题。因此，必须牢牢把握公园城市公共产品属性、生态属性和空间属性的三重内涵。公园城市的开放性、连续性和广域性，使得生活在城市的居民易于亲近绿色、拥抱绿色，增强城市居民对生态环境品质提升的幸福感和获得感；公园城市强调绿量饱和，园林绿化达到"开门见绿、出门进园"的要求，不仅满足视觉的美感和心情的愉悦，更重要的是绿化增量提质本身就是在为城市打造更为强大的"肺"功能；公园城市实现生产空间集约高效、生活空间宜居适度、生态空间山清水秀、人文空间丰富多彩的四维融合，人、城、园、野四大要素达到城园合一、人城和谐、充满活力、持续发展的状态。

从目标导向考虑，一方面需要富有前瞻引领性，充分借鉴、吸纳联合国可持续发展指标、新加坡自然中的城市建设指标、英国伦敦国家公园城市建设目标等国际经验，将生态保护与修复、公平共享、全过程参与等理念思想纳入标准评价指标中，确保了标准内容的前瞻性和先进性，并形成可用于指导中国城市实践的标准化文件；另一方面兼顾普适性与个性特色，充分考虑气候条件、自然资源、社会经济水平等的差异性。

从实施导向考虑，主要是突出落地可操作性，充分借鉴《公园城市建设标准》《公园城市指数》《公园城市建设指南》等既有相对权威的评价标准与成果等，同时在指标选取、阈值确定、评价方式等方面，结合地方实践经验，充分考虑所选指标的数据可获取性、评价方式的科学性和合理性、与现行标准之间的衔接性。例如，沿用使用效果显著、反馈效果良好的指标，包括人均公园绿地面积、公园绿地服务半径覆盖率、生态网络联结度、生态系统生产总值（GEP）等；暂时难以量化评价或获取相关数据的，采用定性评价方式突出引导性，如编制公园体系规划、绿地开放共享情况、自然风貌格局保护修复、特色风貌片区保护和建设水平等；借鉴发达国家经验，强化公众需求满足和社会参与，以公众满意度调查的方式进行评价，如城市风貌和乡愁记忆市民满意度、城市公共空间市民满意度等。

（四）评价原则

面向公园城市的人与自然和谐共生测度应致力于为公园城市建设的各方主体提供科学参考，具有能用、管用、好用等特点。公园城市评价的领域不局限于城市规划建设，可系统全面评估城市全方位发展；公园城市评价的价值导向，既要解决传统城市发展瓶颈问题，又要契合新时代高质量发展的要求；公园城市评价的价值导向要直面传统城市发展的瓶颈与历史问题，切实体现新时代转型发展的要求；公园城市评价的指标需要能测度、可感知，遴选关键领域、关键指标，将各类分析结果切实转化为实践对策建议，更关注公众感受和发展实效。

评估目的由"排名评价"向"问题聚焦"转变。不同于普通城市类评价的排名排序、分等定级，公园城市评价重点聚焦生态环境退化、空间形态低效、历史风貌消解等问题，力图将评价分析结果切实应用于社会经济发展规划、国土空间规划、政府工作报告等，形成问题导向的任务清单，全面提升公园城市规划建设水平。

数据来源由"传统统计数据"转向"多源异构数据"。传统数据、大数据、专项调查等多种数据来源方法可充实测度体系，一方面广泛应用手机信令等大数据，提升精准识别问题的能力；另一方面就生态美好、生产高效、生活幸福等方面开展社会满意度评价，切实了解公众的感受和感知情况。

评价分析由"结果评价"向"全景多维"转变。在聚焦分析结果的单项评价和综合评价等传统路径外，更需要纵横相结合并深度挖掘不同指标的内在结构、质量水平、效益布局等，围绕公园城市建设主要内容和目标构建分级分类指标体系，根据多维全面的分析结果确定公园城市发展策略、近远期实施方案、体制机制保障措施等，助力实现人与自然的和谐共生。

创新特色聚焦国家需求与地方探索考量。一是参考《河北雄安新区规划纲要》《成渝地区双城经济圈建设规划纲要》《成都建设践行新发展理念的公园城市示范区总体方案》，设置"蓝绿空间占比"等符合新时代发展理念的特色指标；二是发扬本土特色实践探索，针对公园化生活街区、公园化功能区等设置指标，反映公园城市发展理念的落地生根发芽。

（五）指标体系

厚植绿色生态本底，塑造公园城市优美形态，实现人与自然和谐共生的现代化，是公园城市规划建设治理的应有之义与现实要求。本报告以公园城市人与自然和谐共生的理论内涵与发展要求为导向，通过梳理国内外公园城市评价的相关研究以及成都公园城市建设的现实需求，针对从"单纯物质空间建造"向"以人为中心的场景营造"的发展逻辑转变、从"城市中建公园"向"公园中建城市"的空间布局转变、从"生态净投入"向"生态价值创造性转化"的生态价值转变，构建共生、共融、协同、增值、共享五大维度的指标体系。基于此，提出"人城境业"相融合的公园城市人与自然和谐共生的实现路径，包括围绕服务"人"筑牢公园城市建设的城乡融合路径、围绕建好"城"织密公园城市建设的转型发展路径、围绕美化"境"夯实公园城市建设的有机更新路径、围绕提升"业"探索公园城市建设的产城融合路径。

1. 共生

以共生为基本路径，助力开辟公园城市可持续发展新空间，从韧性安全、自然共生、人居健康三大维度开展评价（见表1）。

韧性安全维度从人居环境的安全保障、生存发展的安全底线、稳定可靠的生态格局等方面考虑，集约合理利用资源，旨在掌握城市国土安全、生态安全、资源安全、生物安全等现状情况及可能存在的风险隐患，提升城市应对风险隐患的能力和灾后恢复能力与效率。

自然共生维度从生态空间保护、生态保育与修复、生态转化价值等方面考虑，主要参考韧性城市理论、"反规划"理论以及"基于自然的解决方案"，全面分析生态资源禀赋和环境质量，切实指导公园

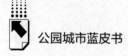

城市建设采取生态保护、修复与利用措施，使城市未来发展和当下生态资源禀赋与人居生态环境质量相协调。

人居健康维度从公园体系、环境质量、绿道建设等方面考虑，聚焦"良好生态环境是最普惠的民生福祉，是城市幸福宜居的基本条件"，从绿色共享空间的品质提升、职住环境的优化提升、示范片区建设的引领带动等方面评价市民对日常生活品质和生态产品供给的满意度、获得感和幸福感，将市民满意度作为衡量公园城市建设成效的重要依据，旨在以指标引导公园城市建设突出强化生态基础及其品质提升、功能完善。

表1　共生维度的指标设置

基本特征	评价维度	评价导向	参考表征指标
和谐共生	韧性安全	人居环境的安全保障	交通安全设施达标率、城市道路交通事故万车死亡率、人均城市大型公共设施具备应急改造条件的面积
		生存发展的安全底线	径流控制、水资源开发利用率、水土流失治理率
		稳定可靠的生态格局	珍稀濒危物种调查与保护、外来物种入侵调查与控制、生态安全宣传教育普及
	自然共生	生态空间保护	蓝绿空间占比、耕地与永久基本农田管控、林木覆盖率、自然风貌格局保护修复、生态空间(含绿化广场用地)保护利用恢复
		生态保育与修复	生态保护红线管控、全年空气质量优良天数、湿地保护率、水体岸线自然化率、水体治理和修复率、废弃地生态修复率、破损山体生态修复率、园林绿化工程项目中乡土植物苗木使用率
		生态转化价值	生态网络联结度、生物多样性保护、径流控制、雨水资源利用率、城市热岛强度

基本特征	评价维度	评价导向	参考表征指标
和谐共生	人居健康	公园体系	公园体系规划建设、公园绿地数量、公园绿地布局、公园绿地品质、集中体现公园城市建设理念的片区建设情况、集中体现城市外围建设用地公园化的城市片区(个数、面积比例等)
		环境质量	大气健康舒适度指标、安心健康水体占比、土壤污染防控力度、固废处置友好度
		绿道建设	绿道长度、绿道网密度、每万人拥有绿道长度、绿化环境建设总体情况、职住环境公园化实施情况

2. 共融

以共融为内在特点，强化公园城市内外联动新优势，从风貌传承、文化驱动、文化繁荣三大维度开展评价（见表2）。

风貌传承维度从文脉历史认同、美学特色价值、场景营造成效等方面考虑，旨在强化城市个性与地域特色、突出历史人文内涵和时代特色风貌，通过生态修复、城市修补等手段，从文化基因、民俗工艺等方面引导城市彰显个性特色、增强城市竞争力。

文化驱动维度从文化品牌打造、文化产业发展等方面考虑，创造性转化历史遗产、创新性发展文化品牌，实现以文化提升城市软实力，在保护和修复的基础上进一步活化利用自然文化资源。

文化繁荣维度从开放交流、文化交往、文化包容等方面考虑，秉承美美与共、兼容并蓄的态度，推动广泛交流，集聚多元人群活力，呈现多元文化交往活动，提升城市的国际美誉度和文化影响力。

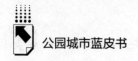

表 2　共融维度的指标设置

基本特征	评价维度	评价导向	参考表征指标
文化共融	风貌传承	文脉历史认同	市民对城市风貌格局和乡愁记忆,文化资源富集度,风貌道路(街巷)、风貌河道(条)的保护修复和利用
		美学特色价值	特色环境感知度、城市整体面貌满意度、城市植物景观风貌评价值
		场景营造成效	文化场所参与度、特色风貌片区保护和建设水平
	文化驱动	文化品牌打造	历史遗产活化度、文化品牌认知度
		文化产业发展	文化产业贡献度
	文化繁荣	开放交流	开放链接度
		文化交往	文化多元度
		文化包容	社会包容度、历史文化遗产保存利用价值、古树名木及古树后续资源保护率

3. 协同

以协同为鲜明底色,打造公园城市高质量发展新面貌,从协同共建、多元共治、现代治理三大维度开展评价(见表3)。

协同共建维度从公众参与、共建共享等方面考虑,以法治思维和法治方式解决城市治理难题,构建"政府—社会—民众"三位一体治理体系,建设人人有责、人人尽责、人人享有的社会治理共同体。

多元共治维度从反馈渠道、决策参与、多元主体等方面考虑,构建多方参与、共治共建共享的社区治理格局,提升治理、服务的精准性与高效性,促进老百姓的获得感提升和自我价值实现。

现代治理维度从基础设施、营商环境、治理效率等方面考虑,以构建和谐善治社会为目标,以国家治理能力现代化和治理能力提升为目标,以满意度为评价手段,提升评价的公众参与度。

表3 协同维度的指标设置

基本特征	评价维度	评价导向	参考表征指标
协同治理	协同共建	公众参与	城市公园绿地建设社会参与度、老旧小区改造居民参与度、城市社区垃圾分类居民参与度
		共建共享	每十万人拥有的文化场馆数量、文化和体育设施共享率、公园免费开放率、城市安全市民满意度、城市公共空间市民满意度
	多元共治	反馈渠道	行政首长信箱反馈渠道完善程度、数字化管理平台规范运营考核达标率
		决策参与	城市公共项目社会参与度、每十万人听证会次数
		多元主体	城市社区居民公共事务参与度
	现代治理	基础设施	人均5G基站数量、人均通信运营商网点数量
		营商环境	失信企业占比、知识产权司法保护情况、完备性制度、行政复议结果维持原判占比、万人拥有律师数、刑事案件万人发案数
		治理效率	政府投资项目施工许可证办理效率、社保办理效率、政府网站便民服务有效链接数量、市民服务网络可办理数量

4. 增值

以增值为动力源泉，呈现公园城市高质量发展新态势，从生态增值、生态赋能、绿色低碳三大维度开展评价（见表4）。

生态增值维度从修复维护、动态变化等方面考虑，坚持改善生态环境就是发展生产力的理念，借鉴生态系统生产总值核算等探索工作，以及生态修复与土地综合整治等实践，鼓励通过生态修复与建立市场化机制，不断提升生态系统资源价值。

生态赋能维度从发展效率、产业转化等方面考虑，旨在通过赋能将生态优势转化为人居价值、人才高地、产业特色，构建并提升产业核心竞争力，实现生活、生产、生态协同发展与高效产出，引导城市走绿色、低碳、循环、可持续发展道路。

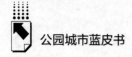

绿色低碳维度从节能减排等方面考虑，面向生态系统质量提升、生态价值系统转化、发展方式根本转变的全链条发展模式，聚焦城市碳排放水平和产业结构转型，引导生态与产业协同发展，促进生态基础设施的价值转化，促进低碳经济与循环经济发展。

表4　增值维度的指标设置

基本特征	评价维度	评价导向	参考表征指标
绿色增值	生态增值	修复维护	生态资源实物资产变化率、受损弃置地生态修复率、生态系统维护成本
		动态变化	生态系统服务变化率、水岸改造绿化率、城市建成区绿地率、拟建或改造村庄绿化率
	生态赋能	发展效率	全社会劳动生产效率、劳动力受教育水平、常住人口平均预期寿命
		产业转化	经济生态生产总值（GEEP）、GEP向GDP转化率、绿色产业贡献度、城区近郊观光休闲农林业发展、"公园+""三新"经济增加值占比
	绿色低碳	节能减排	单位GDP碳排放强度、建筑节能、绿色出行（清洁能源汽车推广率）、再生水利用率

5. 共享

以共享为价值导向，构筑公园城市现代化治理新格局，从城园融合、生活服务、身心健康三大维度开展评价（见表5）。

城园融合维度从开放共享、绿地覆盖等方面考虑，旨在消解城与乡、园与城的二元分隔，通过蓝绿网络的无边界渗透，促进城乡功能相互延伸，让整个城市成为一个大公园。以园为核、绿道为网，充分连接功能与服务，增强公众对公园城市生活的感知；承载游憩休闲、绿色出行和公共服务，让市民在城市中感受田园野趣，享受原真生活。

生活服务维度从公共服务、绿色出行等方面考虑，旨在引导合理配置和均衡布局公共服务设施，充分保障公共服务设施用地空间和人均指标，实现全龄友好、全域覆盖，提升公众的获得感和幸福感。

身心健康维度从居民幸福、公众参与等方面考虑，旨在依托城市环境品质提升城市竞争力，城市建设更注重满足公众的多元需求、实现丰富场景的营造运营，实现生态生产生活不同子系统的协同平衡和高效运转，助力全龄段、全人群友好城市的建设。

表5　共享维度的指标设置

基本特征	评价维度	评价导向	参考表征指标
品质共享	城园融合	开放共享	公园开放共享度
		绿地覆盖	街道绿意感知度、公园绿地与广场用地步行300m服务半径覆盖率
	生活服务	公共服务	全龄友好服务水平、社区卫生医疗设施步行1000m服务半径覆盖率、社区小学步行500m服务半径覆盖率、社区初中步行500m服务半径覆盖率
		绿色出行	绿色出行意愿水平、城市公园参与度
	身心健康	居民幸福	人口综合吸引力、常住人口平均预期寿命、居民幸福指数、18岁及以上人群精神障碍患病率
		公众参与	公众消费活力度、公众活动参与度

公园城市作为新时期人居环境优化和城乡规划建设的理念创新，以习近平新时代中国特色社会主义思想为指导，坚持以人民为中心，推动生态文明与经济社会发展相得益彰，促进城市风貌与公园形态交织相融，实现高质量发展、高品质生活、高效能治理相结合，山水人城和谐相融。厚植绿色生态本底，塑造公园城市优美形态，实现人与自然和谐共生的现代化，是公园城市规划建设治理的应有之义与现实要求。

展望未来，构建合理完备的指标体系是引导公园城市理念推广实践的重要手段，指标体系、规划和建设体系方面仍须不断探索和总结

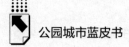

经验，坚持统筹谋划、整体推进，把城市作为有机生命体，实行全周期管理，既要兼顾已有的公园城市建设和城市生态绿地系统方面的经验，落实"以人民为中心""满足美好生活需要"的要求，又要坚持"绿水青山就是金山银山"的理念，充分实现生态产品价值和筑牢生态环境屏障，还要因地制宜、彰显特色，充分考虑本土经济社会发展水平、自然资源禀赋、历史文化特点，坚持聚焦重点、创新突破，突出公园城市的本质内涵和建设要求。

参考文献

胡鞍钢：《中国式现代化道路的特征和意义分析》，《山东大学学报》（哲学社会科学版）2022 年第 1 期。

刘守英：《中国式现代化的独特路径》，《经济学动态》2021 年第 7 期。

朱铁臻：《城市现代化研究》，红旗出版社，2002。

朱勇、杨潇、徐勤怀：《公园城市理念下公园生态价值转化规划研究》，《城市规划》2022 年第 10 期。

石楠等：《公园城市指数总体架构研究》，《城市规划》2002 年第 7 期。

罗桑扎西、甄峰：《基于手机数据的城市公共空间活力评价方法研究——以南京市公园为例》，《地理研究》2019 年第 7 期。

彭楠淋、王柯力、张云路等：《新时代公园城市理念特征与实现路径探索》，《城市发展研究》2022 年第 5 期。

王香春、王瑞琦、蔡文婷：《公园城市建设探讨》，《城市发展研究》2002 年第 9 期。

谢瑞武：《处理"六大关系"，营造"六个场景"——超大特大城市背景下现代乡村规划建设的成都实践》，《城市规划》2023 年第 3 期。

彭耕、金可、邱建维等：《公园城市背景下城郊乡村地区转型路径研究——以成都新都区香城乡村片区为例》，《规划师》2023 年第 1 期。

营立成：《从学术概念到城市政策："场景"概念的政策化逻辑——以

成都为例》，《现代城市研究》2022 年第 10 期。

金荷仙、颜越、陈蓉蓉：《公园建设协同城市健康发展研究动态与展望》，《现代城市研究》2022 年第 9 期。

黄明华、肖佳、周依婷等：《从花园城市到公园城市——城市规划中国特色理论创新的实然、应然与必然》，《规划师》2022 年第 3 期。

王忠杰、吴岩、景泽宇：《公园化城，场景营城——"公园城市"建设模式的新思考》，《中国园林》2021 年第 S1 期。

束晨阳：《以公园城市理念推进城市园林绿地建设》，《中国园林》2021 年第 S1 期。

孙喆、孙思玮、李晨辰：《公园城市的探索：内涵、理念与发展路径》，《中国园林》2021 年第 8 期。

刘滨谊、陈威、刘珂秀等：《公园城市评价体系构建及实践验证》，《中国园林》2021 年第 8 期。

陈明坤、张清彦、朱梅安等：《成都公园城市三年创新探索与风景园林重点实践》，《中国园林》2021 年第 8 期。

蔡文婷、王钰、陈艳等：《团体标准〈公园城市评价标准〉的编制思考》，《中国园林》2021 年第 8 期。

刘彦彤、彭腾、张云路：《公园城市目标下城市绿地系统建设的国际经验：基于英国伦敦实践研究》，《中国园林》2021 年第 8 期。

刘妍君、彭佩林：《生态文明与美丽中国建设研究》，吉林人民出版社，2021。

Ouyang Z., Sciusco P., Jiao T., et al., "Albedo changes caused by future urbanization contribute to global warming", *Nature Communications* 2022 (13).

White R. R., "Strategic decisions for sustainable urban development in the Third World", *Third world planning review* 1994.

Elkin T., McLaren D., Hillman M., *Reviving the City*: *Towards Sustainable Urban Development*, *Friends of the Earth*, London, 1991.

重点领域篇
Key Area Reports

B.2
人与自然和谐共生的新型工业化

陈姣姣　周灵*

摘　要： 新型工业化的一大特征是可持续发展的工业化，这需要在发展工业化的同时强调生态建设和环境保护，在经济发展的同时处理好经济与人口、资源以及环境之间的关系，为降低资源消耗，减少环境污染，提供强大的技术支撑，增强中国的可持续发展能力和经济后劲。从这一层面来看，新型工业化是在人与自然和谐共生理论下的工业化。本报告在成都公园城市示范区建设的背景下，探析人与自然和谐共生理论下新型工业化的内涵特征，对成都工业化发展历程进行科学划分，并判断当前成都工业化的发展阶段，通过对比分析探讨成都工业化存在的问题和挑战，提出补链强链延链、科技创新引领、四化同步等发展举措。

* 陈姣姣，成都市金沙智库研究会高级经济师，研究方向为区域经济；周灵，成都市社会科学院科研处处长、研究员，研究方向为环境经济学、产业经济学。

关键词： 新型工业化　人与自然和谐共生　成都

从公园城市"首提地"到"示范区"，成都作为西部地区超大城市的能级和吸引力进一步提升。公园城市强调"人城境业"的高度和谐统一，是以绿色价值理念为指导，以人民群众的健康和幸福为中心，将城市的生态环境与城市发展有机融合的新型城市治理形态。公园城市建设与新型工业化相辅相成，公园城市为新型工业化提供了生态环境、人才吸引力、产业集聚和绿色技术创新等方面的支持。新型工业化减少环境污染，提高技术创新能力，有助于实现可持续发展和构建人与自然和谐共生的城市发展模式。成都需要在公园城市示范区建设过程中牢记使命，以新型工业化为主导，筑牢先进制造业的主体地位，构建现代化产业体系。

一　人与自然和谐共生理论逻辑下的
新型工业化

（一）人与自然和谐共生理论下推进新型工业化的意义

1.打破资源要素路径依赖的必然选择

传统工业化模式往往依赖于大规模资源消耗，以及高能耗、高排放和低效率的生产方式，对环境和资源造成了严重的损害和压力。随着社会经济的发展和环境问题的凸显，以及成都公园城市建设的现实需要，这种发展模式面临许多挑战和限制。新型工业化强调可持续发展和绿色增长，以资源节约、环境友好、高效能的方式推动产业升级和经济转型。它注重创新驱动、绿色发展、灵活性和适应性，旨在应对环境和资源压力，推动经济的可持续发展和提高人民生活质量，实

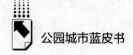

现经济增长与环境保护的良性循环。

2.产业转型升级与创新发展的现实需要

成都作为中国西部重要的经济中心，面临着全球新一代技术快速发展的机遇。人工智能、大数据、云计算等技术的应用，将助推成都工业实现智能化转型，提高生产效率和质量，推动传统产业的升级和转型。面临技术革新和产业高质量发展的要求，成都需要把握前沿趋势，积极布局新兴产业和新赛道，以确保在新一代技术革命中赢得更大的发展。与此同时，成都拥有大量高校、科研机构、院所，如何将创新资源进行有效转化，为成都公园城市示范区建设提供有力支撑，也是未来必须面临的现实问题。

3.保障产业链供应链稳定性的内在要求

随着"一带一路"、西部陆海新通道等实施，成都逐步由内陆腹地转变为内陆开放高地。伴随着区域地位的提升和全球制造业格局的调整，成都工业的发展不仅仅要立足自身的发展实际，更需要站在服务国家战略的角度，从全球产业布局调整与竞争中进行考量，更加突出产业链供应链价值链的韧性和安全，把握关键技术和核心产业的主动权，突破制约产业发展的关键核心技术、共性技术，以新型工业化驱动工业转型升级，提高在全球制造业领域的话语权。

（二）人与自然和谐共生理论下新型工业化的内涵与特征

1.更加突出绿色低碳

人与自然和谐共生是新型工业化的生态理念，新型工业化道路是一条工业文明与生态文明高度融合发展的道路，意味着要完善绿色低碳政策和市场体系，充分发挥市场机制的激励约束作用，减少二氧化碳排放，限制高耗能、高污染、高排放的重工业发展，淘汰落后产能，加快形成节约资源和保护环境的生产方式和生活方式，促进工业内部产业结构的绿色转型升级。

2. 更加突出科技创新

新型工业化强调科技创新在推动经济发展和产业升级中的核心地位。在新型工业化的发展过程中，科技创新成为推动产业变革、提高产业竞争力的关键要素。因此，必须充分发挥科技作为第一生产力的作用，把增强自主创新能力贯彻到现代化建设各个方面。推动总体生产技术和管理模式从引进、模仿、追赶、局部先进到全面领先或全面现代化的转变。以新一代信息技术赋能工业化发展，以低碳化约束工业化，推动经济活动从"要素驱动"向"创新驱动"转变。

3. 更加突出高质量发展

新型工业化强调在推进工业化的过程中注重质量、效率和可持续性。与传统工业化不同，新型工业化更加注重科技创新、智能制造、绿色发展和人才培养，以推动经济结构升级和产业转型，实现经济的高质量增长。高质量发展是全面建设社会主义现代化国家的首要任务，新型工业化之路需要加快重塑竞争新优势，着力提高原始创新能力和转化效率，创新实施机制和组织模式，重点突破一批"卡脖子"关键核心技术，更好地适应和应对全球经济变化和挑战，推动经济实现更加稳定、均衡和可持续的发展。

4. 更加突出以人为本

中国式现代化是全体人民共同富裕的现代化，我国新型工业化发展需要服从和服务于人民群众消费需求的变化，根据需求变化不断调整供给结构，提高供给质量，满足人民群众对个性化、多样化、健康、安全、高品质产品的需要，进一步提高中国工业产品在技术性能、稳定性、可靠性和使用寿命等的全方位质量水平，为引领美好生活需要、实现共同富裕提供强大物质基础。

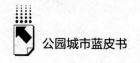
二 成都工业化发展历程探析

（一）成都工业化进程

1. 工业体系初步形成时期（1949～1978年）

新中国成立以后，成都工业逐步进入现代工业化时期，工业生产体系也逐步形成。成都是从 1958 年工业建设跃进发展时期开始进入工业化初期阶段的。其工业化逐渐起步主要得益于国家的"三线建设"战略，根据全国总体布局，四川省是"三线建设"投入最大的重点省，成都被作为"三线建设"重点地区之一，要求建设起国防科技工业、钢铁工业、有色金属工业、燃料动力工业、机械工业（包括重型机械工业）、化学工业、航空工业等基地。按照总体布局的要求，国务院所属各部有一大批重要工厂、科研单位要从沿海和东北等地迁入四川，在四川境内建设航空、航天、船舶、电子、核工业的一些重要项目。这一批企业的引进、兴建和投产，提高了成都工业的实力，提高了技术装备和经营管理水平，增强了成都机械制造、电子元器件生产和航空航天研发能力，使其在全国相似行业中占有重要地位。成都工业产品从此门类增多，生产档次提高，逐渐成为全国四大电子基地之一和军用飞机、雷达生产基地之一。经过"一五"、"二五"和"三线建设"时期的发展，成都逐步确立起以重工业为主的工业体系，并且聚集了大批科技人才，形成了较为明显的产业和人才优势，成为我国西南地区的重要国防工业和科研基地。在发展国防科技工业的同时，与之配套的航空、铁路等交通运输和通信事业也相应得到发展，经济实力极大增强，为之后工业化的加速发展打下了坚实的基础。到 1978 年，成都一、二、三次产业增加值分别达到 11.5 亿元、17.0 亿元和 7.5 亿元，三次产业比重为 31.8∶47.2∶21.0（见图 1）。

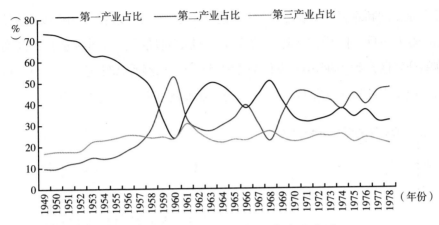

图1　1949~1978 年成都三次产业占比

资料来源：《成都统计年鉴》。

2. 工业持续快速发展时期（1979~2001年）

改革开放之后，全党以经济建设为中心，成都工业得到前所未有的发展，工业化进程不断提速，产业结构得到不断优化调整。三次产业比重由 1978 年的 31.8∶47.2∶21.0 调整为 2001 年的 10∶38.2∶51.8，服务业占比快速提高，第一产业占比显著降低。同时，三次产业就业结构也由 1978 年的 61.3∶16.2∶20.4 调整为 2001 年的 41.9∶25.7∶32.4。到 2001 年，成都市 GDP 达到 1396.2 亿元，[①] 是 1978 年的 38 倍；人均 GDP 达到 11105 元（见图2），是 1978 年的 25 倍；工业总产值由 1978 年的 43.0 亿元增长到 2000 年的 1408.3 亿元，年均增速达到 17%，完成了工业化初期阶段。到"九五"期间，成都确定把机械、电子、医药、食品四大行业作为支柱产业进行培育，并在冶金、建材、轻工、纺织等行业也有一批重点产品和骨干企业在技术升级、产品换代、效益上取得成效。这一阶段，工业化区域格局由单一的城市工业化向城市与农村工业化并存转变。开发区成为 20 世纪 90 年代推

---

① 《成都统计年鉴》。

进工业化的新载体，成都于 1990 年建立了第一个开发区——成都高新技术产业开发区。随后，又陆续建立了一批不同规模、不同级别、不同类型的开发区，到 1994 年开发区数量达 56 个（后经筛选确定为 14 个）。成都工业实力获得进一步提高，成都的工业发展战略已经初见成效。

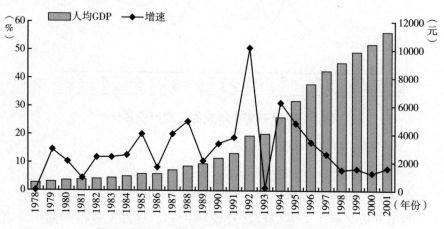

图 2　1978~2001 年成都人均 GDP 及增速

资料来源：《成都统计年鉴》。

3. 新型工业化道路探索时期（2002~2012 年）

2002 年 11 月，党的十六大提出走新型工业化道路的战略举措。2003 年 8 月，成都市第十次党代会确立了"走新型工业化道路，实现工业新跨越"的构想。随着高新技术产业快速发展，工业经济效益大幅提升，单位资源消耗逐渐减少，传统工业化道路开始向新型工业化道路转型，工业走上集中集约发展道路。2001 年 8 月，成都启动了东郊老工业区的结构调整工程（以下简称"东调"），搬迁改造东郊工业企业，调整优化工业布局。2004 年，《成都市工业发展布局规划纲要（2003 年—2020 年）》将成都原 116 个各类工业园区调整归并为 21 个工业集中发展区，明确了各工业集中发展区的布局、规模和产业定位，开辟了"一区一主业"的发展模式。进入 21 世纪以来，成都坚定不移地实施产业高端化战略，推动三次产业实现追赶型跨越式发展。大规模产业转移加速了成都的工业化进程，如成都先后引进英特尔、富士康、仁宝、纬创、一汽大众等行业龙头企业，带动了电子信息、汽车产业爆发性增长。成都高新技术产业不断壮大，现代服务业地位日益突出，产业协作配套能力不断提升。2011年，成都电子信息产品制造业、医药工业、食品饮料及烟草工业、机械工业、石油化学工业和建材冶金工业六大重点行业完成增加值1614.8亿元，占全市规模以上工业增加值的比重为74%（见图3）；高新技术产业增加值占工业增加值比重达到37.58%，已培育出在全国具有比较优势的电子信息、机械等千亿产业集群；生产性服务业增加值占服务业增加值比重达到45.0%，成为中西部地区金融机构种类最齐全、数量最多的城市；207家世界500强企业落户，成都参与全球产业分工协作的能力也不断增强。2012年三次产业结构比例为4.3∶46.6∶49.1，人均GDP达57624元，已经进入工业化中后期。

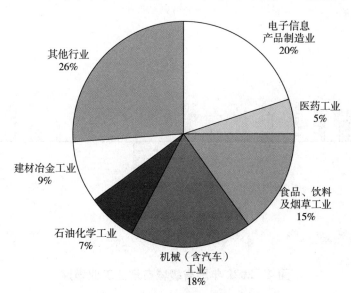

图3　2011年成都工业重点行业构成

资料来源：2011年成都市统计公报。

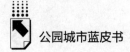

4. 新型工业化道路加快形成阶段（2013年至今）

2013年以来，成都新型工业化道路逐步加快形成，将制造业作为立城之本、兴市之要。成都紧密跟随全球新一轮科技革命和产业变革的步伐，积极推动经济转型升级，以绿色与可持续发展为导向，通过加大科技创新和技术应用力度，提高了技术创新能力和产业竞争力，获批"中国制造2025"试点示范城市等国家级授牌。通过优化产业结构、发展战略性新兴产业，成都工业产业体系逐步明确，形成了以电子信息、装备制造、医药健康、新型材料和绿色食品产业为重点的五大先进制造业优势产业体系，为成都经济的高质量发展注入了强劲动力。2022年，成都市全部工业增加值达到5663.8亿元，比2000年扩大17.2倍，工业投资达到2290.4亿元，比2000年扩大23.9倍。2022年成都规上工业增速5.6%（见图4），在15个副省级城市中排名第二，在70余年前几乎为零的基础上，成都对多数沿海城市实现了工业体量的"追赶—持平—超越"。

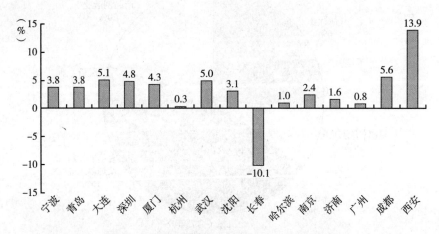

图4 2022年副省级城市规上工业增速

资料来源：2022年各副省级城市统计公报。

（二）成都工业化阶段

经典工业化理论认为，工业化发展主要是人均收入的增长和产业、城市结构的转换，一般具体表现为：①国民经济中制造业活动所占比重逐步提高，乃至占主导地位；②在制造业和服务业部门就业的劳动人口比例也有增加的趋势；③城市作为工业发展的主要载体，人口数量不断增加，规模不断扩大，城市化率不断提高；④在上述指标增长的同时，整个社会的人均收入不断增加。在建构判断工业化进程的综合指标时，本部分运用 H·钱纳里、西蒙·库兹涅茨、霍夫曼、配第·克拉克等国际著名经济学家的经典理论，结合区域实际发展状况来对工业化进程进行评估，从经济发展水平、产业结构、空间结构、就业结构、工业结构五个方面来综合考量（见表 1）。

利用这五项标准对 2022 年成都的相关数据进行分析发现，成都工业化进程指标已达到从工业化后期向后工业化阶段迈入的标准。然而，工业化迈向更高级阶段必须建立在工业充分发育基础之上。纵观先进国家和地区工业化发展历程，其三次产业结构走过了正三角结构—正橄榄结构—倒橄榄结构—倒三角结构的演变过程（见图 5）。再对照成都工业化进程的演进情况，2022 年成都已经呈现符合工业化后期特征的"倒三角"形态，但自 1978 年以来成都工业占地区生产总值比重从未超过 50%，这说明成都工业其实是跳过了充分发育的阶段。① 因此，即将迈入后工业化阶段的成都，需要在新型工业化的背景下，通过创新引领、绿色转型等手段进一步提升制造业能级。

---

① 工业化进程非常典型的上海，第二产业占比最高就达到过 77% 的峰值。

表1 成都工业化阶段判断

发展阶段	工业化水平及工业化阶段指标				
	经济发展水平	产业结构	空间结构	就业结构	工业结构
	人均GDP（美元）	AIS结构（%）	城镇化率（%）	第一产业就业人员占比（%）	霍夫曼系数
前工业化阶段		A>I	30%以下	60%以上	5(±1)
工业化初期	≥1627	A>20%，且A<I	30%~50%	45%~60%	2.5(±1)
工业化中期	≥3254	A<20%，I>S	50%~60%	30%~45%	1(±0.5)
工业化后期	≥6507	A<10%，I>S	60%~75%	10%~30%	1以下
后工业化阶段	≥12201	A<10%，I<S	75%以上	10%以下	—
成都市2022年数据及对应工业化阶段	11669	A(2.8%)<10%，I(30.8%)<S(66.4%)	79.89%	13.7%	0.24
	工业化后期	后工业化阶段	后工业化阶段	工业化后期	工业化后期

注：①AIS即一、二、三产业占比，A表示一产，I表示二产，S表示三产；②人均GDP（美元）实现工业化目标值是2022年的换算值，折算过程中，汇率采用当年12月31日人民币对美元的汇率；人均GDP、产业结构数据来自2022年成都统计公报；③霍夫曼系数指一国工业化进程中，消费品部门与资本品部门的净产值之比，即轻重工业比，由于数据可得性本文以年主营业务收入2000万元以上的轻重工业营业收入比重进行表征；④人均GDP按2010年价格、美元汇率折算。

资料来源：《2022年成都统计年鉴》。

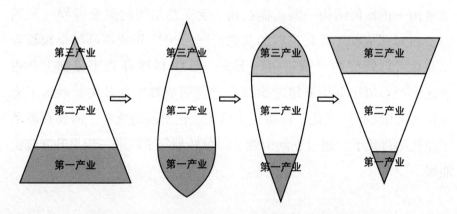

前工业时期 ⇒ 工业化初期 ⇒ 工业化中期 ⇒ 工业化后期

图5 工业化进程中三次产业结构演进示意

三 成都新型工业化发展现状和基础

（一）工业经济发展水平大幅提升

2022 年，成都工业增加值达到 5067 亿元，占 GDP 比重为 24.3%，规模以上工业增加值比上年增长 5.6%，稳中有进。从纵向来看，成都经过 70 余年的发展，第二产业基础逐渐夯实（见表 2）。从分细分行业来看，2022 年规上 37 个工业行业大类中有 21 个增加值实现正增长，体量前十的大类行业呈"9 升 1 降"态势。五大先进制造业合计增长 3.0%，其中电子信息产业增长 12.0%，装备制造产业增长 2.2%，绿色健康产业增长 1.6%，医药健康产业增长 2.7%，新型材料产业下降 17.8%。规模以上高技术制造业增加值增长 4.9%，其中航空航天器及设备制造业、电子及通信设备制造业分别增长 12.7%、7.3%。

表 2 2013 年和 2022 年各对标城市地区生产总值及产业结构

单位：亿元

城市	年份	GDP	第一产业	第二产业	第三产业	2022 年第二产业是 2013 年的倍数
成都	2013	9108.9	353.2	4181.5	4574.2	1.532
	2022	20817.5	588.4	6404.1	13825.0	
上海	2013	21602.1	129.3	8027.8	13445.1	1.427
	2022	44652.8	97.0	11458.4	33097.4	
深圳	2013	14500.2	5.3	6296.8	8198.1	1.970
	2022	32387.7	25.6	12405.9	19956.2	
广州	2013	15420.1	228.9	5227.4	9963.9	1.513
	2022	28839.0	318.3	7909.3	20611.4	
杭州	2013	8343.5	265.4	3662.0	4416.1	1.535
	2022	18753.0	346.0	5620.0	12787.0	

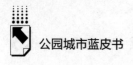

城市	年份	GDP	第一产业	第二产业	第三产业	2022年第二产业是2013年的倍数
武汉	2013	9051.3	335.4	4396.2	4319.7	1.528
	2022	18866.4	475.8	6716.7	11674.0	
重庆	2013	12656.7	1002.7	6397.9	5256.1	1.828
	2022	29129.0	2012.1	11693.9	15423.1	

资料来源:《2014年成都统计年鉴》；2022年各城市统计公报。

（二）现代工业产业体系逐步形成

成都聚焦"5+5+1"产业体系，促进产业链、价值链、供应链、创新链有机融合，形成了8个产业生态圈、28条重点产业链，推行重点产业链"链长制"。目前，成都在电子信息、航空航天、汽车及工程机械、轨道交通、生物医药、食品饮料等领域形成了一定的产业基础和研发能力，具有一定的比较优势和特色。其中，形成了电子信息、集成电路、新材料等8个千亿级产业集群，成都也获批国家服务型制造示范城市、国家人工智能创新应用先导区。

（1）电子信息产业。成都曾是全国四大电子信息产业基地之一。2020年电子信息产业主营业务收入突破1万亿元，达到10065.7亿元，培育形成了智能终端、应用软件等千亿级产业集群；聚集了华为、英特尔、IBM、戴尔等60余家世界500强或国际知名龙头企业，是电子信息国家高新技术产业基地、国家"芯火"双创基地、国家超高清视频产业基地、国家信息安全成果产业化（四川）基地，在集成电路、新型显示、软件、5G、信息安全等细分领域具有一定的比较优势。

（2）装备制造产业。成都曾是全国重要机械工业基地之一。目前，成都的装备制造产业包括了汽车、航空航天、轨道交通、智能制造和能源环保等重点行业领域。2020 年,成都装备制造业规模以上企业实现主营业务收入 2573.7 亿元,其中,机械装备 1299.8 亿元,汽车 1273.9 亿元,是全国军用飞机及发动机和部分民用飞机重要研发制造基地。

(3)医药健康产业。成都作为原料药基地,特别是中医药原材料基地,在全国具有重要地位。2020 年全市规上生物医药企业 249 户,实现主营业务收入 655 亿元,实现利润 120.2 亿元,比上年增长 11.6%。目前,成都保持了中医药原材料基地地位,在新药创制、脑科学和类脑智能等方面具有一定优势,是国家重大新药创制成果转化试点示范基地,正在建设全球最大规模新药临床前研发技术服务中心。

(4)新型材料产业。2020 年成都新型材料产业规模以上企业主营业务收入 141 亿元,同比增长 5.2%,高性能工程塑料等“卡脖子”材料实现技术突破,高性能稀土永磁材料项目等项目竣工投产,高能量密度动力锌离子电池材料产业化智能制造项目、高性能玻璃纤维先进制造(出口)基地项目等项目加快建设,这些项目奠定了成都在全国新材料领域中的重要地位。

(5)绿色食品产业。成都是国际美食之都,拥有全国唯一的烹饪专科学校。2020 年有 393 户规模以上绿色食品企业,实现主营业务收入 1255.7 亿元,同比增长 12%,在全国率先出台食品安全地方标准以及白酒、调味品等多个单类食品地方标准,形成“1+11”食品安全地方标准体系。绿色食品工业为成都建设国际美食之都提供重要产业基础支撑。

(三)科教创新资源逐步集聚

伴随国家推进新型工业化配套,成都科教创新资源逐步完善,为成都的工业发展提供了重要技术基础支撑。例如,电子科技大学及研发力量、中国电子 9 所 10 所、航空工业 611 所等,成为成都电子信息产业、航空航天产业的重要人才培养和技术创新、技术研发载体。四川大学、成都理工大学等高校也有一些重要的产业科研力量，四川大学的高分子专业，对四川的皮革业、塑料制品业的技术起到了重要支撑作用。成都高新区和国家级经济技术产业开发区设立后，一批科技人才和科技企业进一步落户。2021年，成都普通高等院校数量达58所，在校生人数达981464人，师生比为18.4。科学研究与技术服务业事业单位数也达163个，从业人员达24623人，当年授权专利数量为1197个（见表3）。可见，成都当前已经集聚了一定的科研资源和力量。

表3   2021年成都高校和研学研究机构相关情况

科学研究与技术服务业事业单位	数量(个)	从业人员(人)	发表科技论文(篇)	专利授权数(个)
	163	24623	5055	1197
普通高等院校	数量(个)	在校生(人)	专任教师(人)	师生比
	58	981464	53307	18.4

资料来源：《2022年成都统计年鉴》。

（四）优质工业市场主体有序发展

2021年，成都已形成了相当数量规上工业企业，拥有较完整工业门类体系。全市共有独立核算工业企业（年主营业务收入200万元及以上企业）4108个，营业收入达17419.2亿元。其中，按轻重工业分，轻工业1522个，占37%，重工业2586个，占63%；按企业规模分，大型企业112家，中型企业423家，小型企业3384家，微型企业189家，占比如图6所示。按工业行业大类分，国家统计的43个工业行业大类中成都工业门类覆盖41个行业大类。统计口径上形成了电子信息产品、机械工业、汽车业、石油化学、食品饮料及烟草、冶金工业、建材工业、轻工行业等八大特色优势产业。

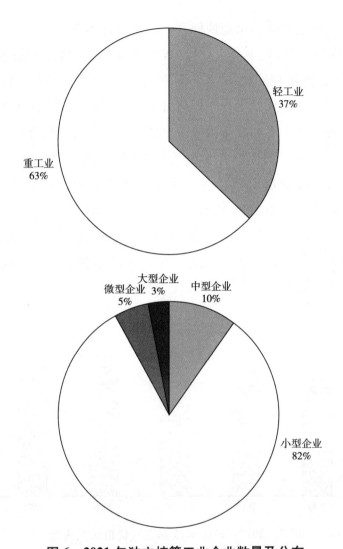

图 6　2021 年独立核算工业企业数量及分布

资料来源：《2022 年成都统计年鉴。》

（五）工业向智能化、绿色化转变

伴随公园城市示范区建设推进，成都坚持走生态优先、绿色发展的城市转型之路，加快建设"人城境业"高度和谐统一的大美公园城市形态。绿色低碳转型加快推进，碳达峰行动方案启动编制，2021年单位 GDP 能耗同比下降 1.2%，规上工业单位工业增加值能耗同比下降 1.3%，能源利用效率位于全省第一。工业生产方式智能化升级，获批国家新一代人工智能创新发展试验区、国家人工智能创新应用先导区等。在一系列政策措施下，成都生态环境不断优化，以天府锦城、交子公园、鹿溪智谷为引领的全域公园体系初步成形，2021年累计建成各级绿道 5188 公里，龙泉山城市森林公园增绿增景 1.6 万亩，森林覆盖率由 2020 年的 39.9% 上升到 40.3%。强力推进"三治一增"，城市空气质量优良天数比例达 81.9%（见图7）。同时，成都也积极推进"低碳城市"试点，推进电能替代，全市清洁能源占比处全国领先水平。

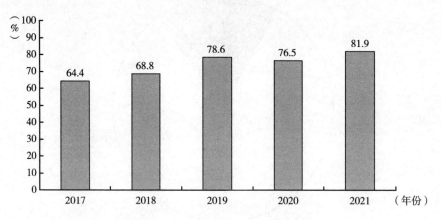

图7   2017~2021 年成都空气优良天数占比

资料来源：2021 年成都市统计公报。

（六）治理现代化水平系统提升

近年来，成都在产业集聚区体制机制创新上有所突破。为了推动建圈强链，全市成立由市委、市政府主要领导担任组长的制造强市建设领导小组，建立了由市领导任链长的产业建圈强链"双链长"制以统筹协调全市制造业发展工作。从政策体系来看，成都研究形成了支持制造强市建设"1+1+6"政策体系（即"1个指导意见、1个政策措施和6个行动计划"），高质量做好企业服务，提速提质提效解决企业急难愁盼问题，回应企业诉求，着力营造良好的发展环境。从产业生态来看，成都构建了以链主企业、公共平台、投资基金、领军人才、中介机构为重点的"5+N"产业生态，促进创新链、产业链、资金链、人才链深度融合。

四　成都推进新型工业化面临的问题和挑战

（一）产业嵌入式发展，本地根植性有待提升

近年来，成都市通过招商引资、承接产业转移，实现了产业发展更新换代、跨越式发展，但与先发城市相比，缺乏在全球范围内具有较强竞争力和较高知名度的本土大企业、大品牌，而且本土企业"长不大、跑不快"的问题也日益突出。例如，汽车企业综合竞争实力偏弱，整车企业根植性不强，"两头在外"限制了企业自身战略规划、产品开发。2020年，成都高新技术企业在生物医药领域的技术合同交易额为9.35亿元，与深圳（219亿元）差距较大。此外，2021年，成都进入世界500强的企业仅有3家，与上海（9家）、深圳（8家）还有较大差距。成都拥有中国500强、中国制造业500强、中国服务业500强企业的数量分别居7个对标城市的第6位、6位、7位，龙头企业的引领和带动作用不足，特别是服务业500强企业不足深圳（27家）、广州（35家）、杭州（25家）的1/4（见图8），并且上榜企业以国企平台公司和农牧业产业化公司为主，缺少具有技术控制力的本土企业。

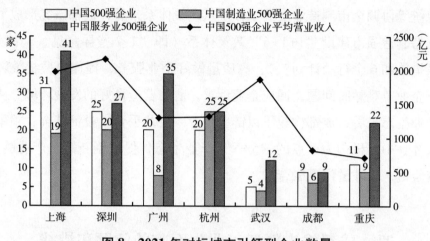

图8　2021年对标城市引领型企业数量

资料来源：Wind。

（二）产业关键环节缺失，核心优势有待增强

成都正处于工业化质量提升的关键阶段。从制造业来看，虽然门类齐全，但总体仍处于价值链的中低端，缺乏有竞争力、有影响力、有定价权的企业和产品，关键环节缺失和结构性短板较沿海城市更为突出，如集成电路产业企业主要集中在封装测试环节，设计环节较少。此外，成都新兴产业和未来产业等新增长点尚处于培育阶段，生产性服务业发展仍显不足，2022年成都服务业占GDP比重已经达到66.4%，但传统服务业占比较大，生产性服务业发展不充分，与上海生产性服务业占服务业比重的70%相比，仍有一定差距，特别是金融、总部经济、科技服务、研发设计等高端生产性服务业较为薄弱，难以满足新型工业化的需要。

（三）科技创新能力较弱，创新型人才支撑不足

2021年成都R&D投入强度为3.17%，与上海（4.21%）、深圳

（5.5%）有一定差距（见图9），投资对经济增长贡献率仍保持在60%以上的高位，全要素生产率仅为3.7%左右。高技术制造业20强企业中多为代工企业，对研发产出、技术输出的贡献较低，并且本地高校科技成果转化率不足四成，技术外溢现象仍然明显。新经济发育不充分，成都数字经济占GDP比重达49.7%，已经接近上海（53.2%）、深圳（52.9%），但数字技术转化能力不足，2020年成都数字经济领域国内发明专利公开量2618件，PCT国际专利申请量则小于24件①，几乎不具备国际竞争力和影响力。创新型企业和人才数量方面还有待提升，成都拥有国家级专精特新小巨人企业198家，不足北京（588家）、深圳（443家）②的一半；拔尖人才和高层次人才仍然十分短缺，特别是战略科学家和创新型科技人才支撑不足，成都市两院院士仅30余人，仅为北京的4%。

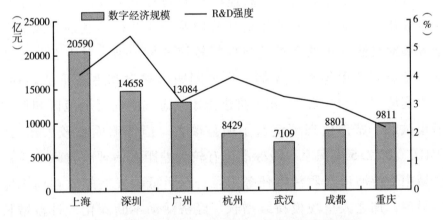

图9 2021年对标城市R&D和数字经济规模

资料来源：各城市统计公报，《中国城市经济指数蓝皮书（2021）》。

---

① 数据来源于INCOPAT数据库。
② 根据第一批到第四批国家级专精特新小巨人名单整理。

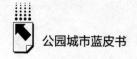

（四）工业辐射带动能力有待提升，生态关联尚未形成

成都不仅仅要考虑自身新型工业化发展，还要充分考虑如何在工业化进程中充分发挥优势，辐射带动周边城市的现代化建设，但当前成都尚未完全承担起极核主干城市的使命担当。作为国家中心城市，成都首位度较高，集聚了大量优质资源，虹吸效应明显，但极核引领的功能还不够强，尚未充分发挥辐射带动作用，工业协同发展水平不高。成都与周边城市产业布局仍较为割裂，特别是在电子信息、装备制造、航空航天等主导产业协作上，未形成"成链成群"抱团发展的格局，相较长三角、珠三角仍有一定差距。

（五）资源环境紧约束加剧，可持续发展任重道远

近年来，成都工业保持高速增长的同时也给资源、环境带来了巨大压力，受当前所处工业化阶段及产业结构等制约，成都工业发展对自然资源的需求还将保持较快增长，仍将对生态环境造成一定影响。近年来，成都聚焦公园城市建设和生态价值转换，大力实施"三治一增"，积极推进国家生态文明先行示范区和低碳城市试点，城市生态环境有了明显改善。但依旧面临较大压力，PM10、PM2.5离国家一级标准仍有较大差距，治理改善岷江沱江流域中下游河道水质污染任务艰巨，绿色低碳发展的效益尚未完全显现，加之人口规模持续增长、经济活动不断深化，日益增长的用地需求与有限的土地资源之间的矛盾不断加剧。同时，随着公园城市示范区建设的深入推进、产业经济地理的重塑，以及发展动力转换和产业结构优化步伐加快，新型工业化进入了既有条件又有需求的重要窗口期，需要正确处理好经济发展与人口、资源、环境之间的关系。

五 人与自然和谐共生理论下
新型工业化案例借鉴

（一）深圳：聚焦绿色产业发展，引领工业转型升级

深圳自 2010 年成为国家首批低碳试点城市以来，采取了一系列政策措施，形成了具有深圳特色的绿色低碳发展模式。近年来，随着生产和生活方式的不断升级，深圳能源消费结构逐步优化，能源利用效率不断提高。2022 年，深圳清洁能源比例也不断提高，特别是核电、气电等清洁能源装机比例达到了 78%，碳排放量也持续下降，仅为全国平均水平的 1/5。

1. 不断出台绿色低碳发展政策

在政策方面，深圳出台《深圳市近零碳排放区试点建设实施方案》《深圳市综合能源补给设施布局规划（2022—2025 年）》《关于支持开展天然气贸易 助力打造天然气贸易枢纽城市的若干措施》等一系列政策，为绿色低碳产业打了坚实的基础。2022 年，深圳提出要打造"20+8"产业集群，其中绿色能源产业中的新能源产业集群、安全节能环保产业集群等都被列为重点发展方向。

2. 各层次之间的协同发展

一是促进数实融合。深圳另一个成功的经验就是推动绿色产业与数字产业融合发展，深圳市构建了绿色产业大数据服务平台，实现各部门、各行业在绿色服务、节能环保、清洁生产等领域的数据共享，提升绿色产业领域信息获取和处理能力。二是产业链、创新链、教育链与人才链四链协同。深圳绿色产业在源头创新、高等教育和人才等方面仍然相对薄弱。应该根据产业发展实际需求，加快高水平大学和学科建设，加大核心人才的培养和引进力度。同时，推动产业链、创新链、教育链与人才链的协同融合，筑牢向产业链高端发展的基础。

三是产业集群之间的协同。深圳自 2008 年开始发展战略性新兴产业，先后提出了七大战略性新兴产业和四大未来产业，又到"20+8"产业集群。尽管，产业的分类越来越细，但是其发展的根基仍然是深圳的产业生态系统，产业相互之间的联系非常紧密。绿色低碳产业具有非常强的产业带动作用。深圳通过机制创新，推动产业协同发展，逐步形成更加强大的产业生态体系。

（二）上海：聚焦科技创新，提升工业技术本土创新能力

近年来，上海通过科技创新引领工业发展，形成了一些在全国具有影响力的重大科研成果。早期由于上海的开放程度较高，对外资企业的依赖导致产业技术对外依赖性较强，上海市委、市政府就集中力量，重点推进以企业为主体的技术创新体系建设。2023 年 4 月发布的《关于本市进一步放权松绑　激发科技创新活力的若干意见》更是聚焦于高校院所、企业、新型研发机构和科技人才等广大创新主体发展的重点环节，提升政策供给和创新服务能级。2020年，上海科学家在《科学》《自然》《细胞》发表论文 124 篇，占全国的 32%。

1. 配套政策不断松绑

上海一直坚持科技创新与体制机制创新"双轮驱动"，以体制机制改革激发创新活力，一系列"硬核"科技政策的出台为科技创新提供了有力支撑。在促进科技创新的相关政策中，以 2015 年的"科创 22 条"和 2019 年的"科改 25 条"最为典型。"科创 22 条"的核心要义是打破体制机制障碍，为创新"减负"，推进政府管理创新，依托上海既有的金融、资本等优势，"真金白银"给创新"加油"。针对缺乏世界一流研究机构和标志性重大原始创新成果这一短板，上海 2019 年推出"科改 25 条"。通过"一所（院）一策"原则，探索试点"三不一综合"，即不定行政级别，不定编制，不受岗位设置和

工资总额限制，实行综合预算管理等新体制新机制，以期加快培育国家实验室、高水平创新机构等承接国家重大创新任务的国家战略科技力量。

2. 集中力量突破一批关键共性技术

上海市积极吸引国家重大攻关项目落地，整合资源集中力量攻难关，服务国家战略。"十一五"以来，上海在先进制造领域承担国家重大专项、国家科技支撑计划项目百余项。如主持或参与了"极大规模集成电路制造装备及成套工艺""重大新药创制"等科技重大专项，国家重大科技专项民用客机的研制总部也落户上海。

3. 强大的金融体系为科创企业提供全方位金融服务

上海风险投资、创业投资、天使资金、科技银行、担保机构等金融服务机构众多，为创新活动提供多渠道、全过程、全方位的融资服务。2020年，上海各类金融机构数量达4258个，资金总量庞大。2020年上海对科技企业贷款主要集中在制造业，信息传输、软件和信息技术业等高科技行业，占比达到59.8%，产业特征明显。同时，科创板的设立使上海科技企业受益颇多。科创板开板以来，上海科技企业共融资54.61亿元，占科创板融资总金额的69.9%。此外，上海服务于科技创新的金融政策体系不断完善。作为全国首批开展科技金融工作试点的省市之一，上海自2011年以来，逐步构建了覆盖科技型企业不同成长阶段融资需求的"3+X"科技信贷服务体系，实现了对初创期、成长早中期、成长中后期科技企业不同融资需求的全覆盖，为科创中小企业注入了"金动力"。

（三）苏州工业园区：为企业提供全生命周期的服务

苏州工业园区是中国和新加坡两国政府间的重要合作项目，1994年2月经国务院批准设立。在几十年的发展中，苏州工业园区坚持引进和培育并举，大力发展高端高新产业，形成了独墅湖科教创新区、高端制造与国际贸易区、阳澄湖半岛旅游度假区以及金鸡湖商务区四大功能区板块，搭建起"2（电子信息、机械制造等主导产业）+3（生物医药、人工智能、纳米技术应用等特色产业）"特色产业体系，形成"产城融合、区域一体"的发展架构，综合实力居全国开发区前列。

1. "管委会+开发公司"，行政职权与经济业务分立

由苏州市人民政府成立工业园区管委会，为投资者提供"一站式"快速服务。园区开发建设实行政企分开，园区管委会作为苏州市政府的派出机构在行政辖区范围内全面行使主权和行政管理职能；中新双方合资组建的中新苏州工业园区开发有限公司负责开发建设，主要是基础设施开发、招商引资、物业管理、项目管理、咨询服务、产业开发、风险投资等经济业务（见图10）。同时，苏州工业园区推行行政管理与技术管理相分离，不同的行政部门在技术上同处一个网络，这使行政管理更加透明化、快捷化。

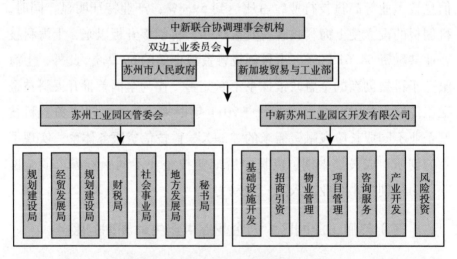

图10　苏州工业园区管理组织架构

资料来源：根据苏州工业园区官网整理。

2. 践行亲商、便商服务理念，推进公共服务体系建设

苏州工业园区积极借鉴新加坡"亲商"理念，通过精简行政审批项目、清理压缩行政经费、增强"一站式"服务职能、实施社会服务承诺等有效手段，为企业提供"全过程、全方位、全天候"的公共服务。例如，园区设立了全国首家一站式服务中心，将政府有关审批部门集中，统一设立行政审批局，将一些跨部门审批事项浓缩在一个部门之中；多手段促进效率提升，将原本 207 个工作日的一般工业项目前期施工许可承诺时限压缩到 41 个工作日，大大方便了投资者；搭建针对企业、居民的政务服务体系（见图 11）；推进园区民生项目，健全完善教育、医疗、社区服务等公共服务体系。

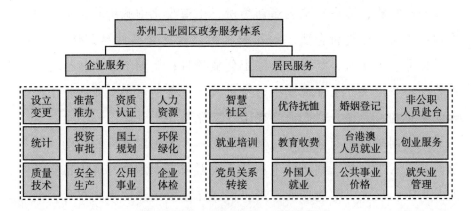

图 11　苏州工业园区政务服务体系

资料来源：根据苏州工业园区官网整理。

3. 创新管委会工作体制机制，有效激发员工服务意识

苏州工业园区管委会鼓励各部门和开发公司人员定期轮岗、相互兼职，全面提高工作人员业务素质和办事效率，做到"人人都能办理专业业务、人人都能为企业和投资者服务"。与此同时，苏州工业园区管委会按照市场经济的模式运作，对员工的内部激励采用"首问负责制""末位淘汰制"等方式，有效激发员工的服务意识。

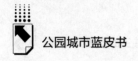

专栏："六个一"特色（新兴）产业专业化服务机制

国务院批复的《苏州工业园区开展开放创新综合试验总体方案》提出，"建设产业优化升级示范平台""探索战略性新兴产业聚焦发展机制"。苏州工业园区探索构建了"六个一"特色（新兴）产业专业化服务机制。

一、打造一个特色产业。选择生物医药、纳米技术应用、以大数据和云计算为支撑的人工智能产业等三大特色产业作为主攻方向，集聚创新要素，完善创新生态，推动产业集群化发展。以生物医药产业为例，苏州工业园区构建了完备的创新研发和产业化体系，覆盖产业全生命周期，重点发展创新药物、医疗器械、生物技术等领域。引进重大创新机构，如中科院上海药物所、上海生化细胞所等国家级科研机构；集聚一流创新企业，如礼来、葛兰素史克等世界500强企业；吸引世界一流团队，如国内外院士创业项目；完善产业创新生态，引进美国冷泉港实验室亚洲中心、哈佛大学韦茨创新中心等一批国际重大创新机构，为园区内企业搭建国际交流合作平台。

二、制定一个产业规划。针对不同的产业制定相应的规划，如生物医药、人工智能、纳米技术应用三大新兴产业加快打造千亿级新兴产业集群。以人工智能产业为例，园区在全国经开区率先布局，制定出台《人工智能产业发展行动计划》和《关于推动人工智能相关产业发展的若干意见》。

三、组建一家国资公司。先后组建了科技发展有限公司、生物产业发展有限公司和纳米科技发展有限公司，负责各自下属产业园区的开发、建设、管理、服务等工作。

四、建设一个产业园区。围绕三大新兴产业，分别投资建设生物医药产业园、纳米城、国际科技园等创新孵化载体。生物医药产业园（生物纳米园）已汇聚生物医药、医疗器械和基因技术等领域的企业，形成了集众创空间、企业孵化器、加速器和产业园为一体的企业培育全链条。

五、成立一个专业服务机构。组建企业发展服务中心,为园区内中小微创新企业和高端创新创业人才服务。中心通过整合政务服务资源,创新企业服务机制,围绕投融资、项目申报、企业认定、金融服务、人才服务、知识产权等事项开展"代办制""一站式"服务,打通了政务服务的"最后一公里",推动园区内中小企业快速成长。

六、设立一只产业发展基金。创新性地与商业银行合作,设立了支持成长中后期科技创新企业的产业基金。主要有股权类基金、债权类基金、债权加担保类基金等类型。例如,设立融睿产业基金,首期金额达 5 亿元,主要通过债转股的股权投资方式,支持科技成长中后期项目。

(四)启示

一是要加强政府引导和政策支持,形成更加科学的新型工业化发展战略。深圳市出台《深圳市节能减排综合性实施方案》《深圳市单位 GDP 能耗考核体系实施方案》等指导文件,确立了深圳低碳发展的方向和目标。成都市在公园城市示范区建设过程中,更需结合自身实际,丰富和完善相应的发展政策和专项规划,形成以新型工业为主导的绿色低碳发展战略。

二是要聚焦创新引领,促进成都工业转型升级。在资源要素约束趋紧的环境下,加强创新引领。在新的发展阶段,成都空间、要素、资源约束问题日益突出,调整产业结构、转变经济发展方式的需求十分迫切。从上海、深圳等地的经验来看,解决资源约束的关键还在于通过科学技术进步,走创新驱动、集约发展的道路。因此,成都一方面要着力发挥高校众多、科研实力突出的优势,强调加快科技进步,使新型工业化在高起点上迅速发展,推动工业成链跨界高能级发展;

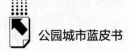
另一方面要加强传统优势工业转型升级，限制高能耗、高排放产业过度膨胀。

三是完善的配套服务，为工业企业创造良好的营商环境。上海张江科学城、苏州工业园区主要通过"政府—园区—企业"的机制实现配套服务的市场化运营，从而提升园区的市场化运营水平，进而完善配套服务；优化企业服务是园区提升综合竞争力、提高运营管理效率的重要内容。上述案例分析显示，一方面，产业园区要夯实基本公共服务能力，持续完善基础设施，进一步加强公共服务体系建设，提高行政审批效率，为企业提供精简化、一站式公共服务；另一方面，需要搭建多元化、集成化的企业服务平台，包括政务服务平台、创新孵化平台、融资和金融服务平台、技术支撑平台、信息共享平台、人才服务平台等，依托平台对相关资源进行整合，并由专业团队进行运营，围绕企业发展需求为企业提供全方位的打包服务。

六　人与自然和谐共生理论下成都推进
新型工业化发展的思路

（一）突出"四个并重"发展策略

做大总量与提高质量并重。正确把握工业总量与质量的关系，保持工业经济运行在合理区间的同时，增强增长的稳定性，为转型发展腾挪空间、赢得时间。坚持增量升级与存量优化并重，在优化工业结构中逐步扩大总量，保持稳定增长速度，为调结构、转方式提供回旋空间，提升经济的综合实力。

有根挖潜与赛道抢位并重。注重深入挖掘特色电子信息、轨道交通、航空航天等有根产业发展潜力，以延链补链强链为抓手，推动主导产业链式发展以错位发展，从全领域发展向细分领域深化，加快形成特色引领的发展格局。积极抢占未来发展的赛道和市场机会，紧跟国家和地区的发展战略，以优势产业与数字经济、平台经济等新兴经济形态的结合为切入点，抢占新能源、新材料等产业风口，培育新兴产业和高增长领域，推动工业的转型升级。

多元融合与区域合作并重。深度贯彻新发展理念，全面融入新发展格局，强化融合思维，重新审视成都在国家战略和成渝双城经济圈的地位和作用，通过产业之间、产城之间、内外部之间的融合互通，提升工业经济发展效能，推动产业融合、产城融合、城乡融合等向领域更广、格局更大、效率更优的方向发展。以融入全球产业体系为引领，不断强化与长三角、珠三角的合作，承接产业转移和市场辐射，同时加强与成都都市圈区域的合作。

广借外力与激发内力并重。推动内源经济扩张，大力发掘本土资源，激活民间资本，放宽市场准入，降低政策门槛，引导以民营经济为投资主体承载项目建设。加快外源带动，转变招商理念，创新招商手段，坚持引进项目的规模与质量相结合、数量与结构相结合，综合运用各种招商方式，如小分队招商、驻点联系招商等，形成叠加效应。

（二）聚焦"增强五力"优化路径

针对成都新型工业化发展的现实困境与短板制约，全面实施"增强五力"优化路径，推动质量变革、效率变革、动力变革，实现更高质量的发展。

增强竞争力。推进转型发展，充分发挥成都优势资源，聚焦电子信息、轨道交通、汽车、生物医药等优势产业，加强产业链的整合和延伸，促进产业结构的升级和优化。发展具有竞争力的新兴产业和高附加值产业，培育起成都先进制造业高质量发展产业体系。

增强驱动力。做强发展动能，注重发挥科技创新、人力资本提升

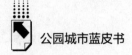

对经济发展的"乘数效应"，提升研发经费投入强度，促进新产业、新业态、新模式"三新"经济发展，创新人才引进培养机制，支持民营经济加快发展，激发市场主体活力。

增强聚合力。充分发挥成都首位城市作用，聚集内外资源，牢牢抓住成渝地区双城经济圈建设机遇，推进规划衔接有序、产业互补融合、基础设施互联互通，加快优势互补与资源整合，打造经济增长新引擎。

增强承载力。以新型城镇化为核心，优化城市空间布局，加快城市有机更新步伐，持续推进老旧小区、街区改造，科学布局商务、文体、社区生活服务、绿地系统等资源，大力提升产业园区的发展能级水平，完善园区生活生产性配套。

增强支撑力。注重高效协同、开放共享，强化产业要素保障，系统整合提升产业配套链、要素供应链、产品价值链、技术创新链、服务供给链，加快形成要素资源集约集成、产业配套合作紧密、政务环境良好的新型产业生态。

七 人与自然和谐共生理论下成都推进新型工业化的路径和重点

（一）构建先进制造业体系，筑牢新型工业化发展本底

1.明确制造业主攻方向

一是坚持先进性和高端化方向，增强高端核心芯片、新一代显示技术、新一代通信技术、高端装备的供给能力，构建多条占领先进生产环节、占据价值链高端的核心产业链，重点发展集成电路的高端芯片设计、航空装备大部件系统集成、汽车产业动力系统等高附加值环节，建成一批具有全球竞争优势的先进制造业集群，逐步增强全球供应链分工和高端要素配置的主动权。二是围绕产业链的上下游协作和

左右岸配套，紧盯龙头企业招优引强，积极引导各类资源要素打破地域、行业、企业间的约束和壁垒，形成产业配套协作关系，进一步推进产业链垂直整合和产业间跨界融合，补齐产业链短板和弱项，做好供应链备份。三是顺应全球未来科技和产业前沿，加快谋划新一代信息技术、新一代人工智能、生命科学、新一代材料等领域及其融合方向的未来产业，加快人工智能、多尺度数据、干细胞治疗与再生医学、增强现实、机器人、量子通信等未来领域布局，抢占产业发展制高点。

2. 提升产业链供应链韧性和安全水平

一是增强产业链主导控制力，聚焦"高精尖缺"领域，选拔和培养战略科技人才、科技领军人才、青年科技人才、高水平创新团队和掌握交叉学科知识的复合型人才，鼓励企业家通过创造新模式、运用新技术、制造新产品、开拓新市场，培育壮大一批具有重要影响力和主导作用的领军企业和国际型企业，提升产业核心控制力；立足终端产品市场需求的变化和行业技术标准变化，聚焦受制于人的集成电路、元器件、生物医药、工业软件、重大装备等领域，引导本土有条件、有优势的企业组建产业技术标准联盟，加大对关键标准和核心技术研究投入，制定产品设计、质量管理、品牌建设、产品检验等环节的行业标准，以更前沿的技术和更高的技术标准率先抢占市场。二是做强产业链主导企业，围绕优势企业做强产业链，聚焦五大先进制造业和重点领域，实施产业链主导企业生态圈行动计划，增强资源配置和供应链管理能力，培育主营收入超千亿的龙头企业，打造一批细分领域的隐形冠军，形成能够支撑城市重大战略需求、引领未来科技变革方向、参与国际竞争合作的主导力量。

3. 推进工业化与数字化融合发展

一是加快建设新型数字基础设施，推动新型、融合、集约、绿色的数字应用设施建设，加快 5G 网络建设试点和规模化商用，加强智能停车场、智能仓储、综合管廊等新型物联网集成载体建设，推进传统基础设施数字化、网络化、智能化改造，打造高速、移动、安全、泛在的新一代信息基础设施网络。二是加快推进数字产业化，深入推动电子信息制造业转型升级，重点发展集成电路、传感器、芯片、新型显示、移动终端、可穿戴设备等电子信息设备研发制造业，积极发展互联网、物联网、移动互联网、卫星通信、无线通信等信息通信业，加快发展大数据服务、区块链技术服务、网络信息安全服务、软件开发设计等数字信息服务业，大力发展大数据、云计算、物联网、人工智能、5G 等数字技术研发及应用，积极发展 5G 产业，超前布局 8K 超高清视频产业，加快构建"8K+5G"产业发展生态圈。三是加快制造业数字化转型升级，积极推进工业互联网技术试验验证、标识解析系统部署、管理支撑平台建设，研发推广关键智能网联装备，形成工业互联网基础架构体系；积极推进服务业数字化、网络化、智能化发展，加快电子商务、跨境电商、服务贸易等新业态发展，积极推进数字经济领域新技术、新产品、新服务、新模式在现代物流、文化创意、医疗健康、文化旅游等领域的广泛应用，建设数字资产交易中心，开展数字资产企业融资试点，打造一批重点数字应用场景。

（二）科技创新引领，增强新型工业化持续动力

1. 提升工业科技创新基础能力

一是加快关键核心技术攻关创新，把握全球科技发展方向和产业变革趋势，重点聚焦网络安全、核科学、航空发动机、电子对抗、精准医疗、石墨烯等前沿产业领域，推进集成电路设计、自研基础算法和操作系统、电子信息和新能源关键材料、超高精度制造工艺及设备、重大新药创新、新型复合材料研制等领域技术攻关，力争关键核心技术、前沿引领技术、现代工程技术及颠覆性技术实现突破。二是

建设产业关键共性技术创新基地，建设集先进适用产业技术开发与推广应用、系统性技术解决方案研发供给、高成长型科技企业投资孵化于一体的创新基地，争取布局建设更多的国家制造业技术创新中心，鼓励企业牵头建设工程技术中心、企业技术中心等创新平台，加快推进国家新一代人工智能创新发展试验区、国家数字经济创新发展试验区建设。三是加快推动自主创新成果向现实生产力转化，构建"潜在市场需求—技术应用示范—创新产品研制—应用技术研发—基础研究"逆向技术创新链条，着眼"互联网+"、人工智能、数字电视、数字内容、生物技术、卫星应用、智能制造等新兴产业领域，促进重大关键技术的突破和创新成果产业化。

2. 建设世界一流的科技创新生态

围绕发展新型研发机构、深化校院企的协同创新，构建开放共享、高效协同的区域创新体系。加快集聚重大技术创新资源，支持高校及科研机构与世界级名校大院合作共建一批具有国际一流水准的新型产业技术研究院及国际研究中心，推动大型骨干企业建设国家重点实验室、工程（技术）研究中心、企业技术中心。健全科技成果转化孵化体系，瞄准国际前沿科技领域，强化企业技术创新主体地位，深入推进院校的创新合作，打造环川大、电子科大、西南交大等高校的知识经济圈，建设跨区域的"创业苗圃+孵化器+加速器"梯级大孵化体系。健全技术转移服务体系，围绕技术转移服务全链条，鼓励社会资本参与技术市场建设和交易，促进科技型中小企业技术产权转移交易，布局建设一批高能级国际技术转移中心。

3. 创新产业组织方式和形态

以价值创造和效益提升为导向，大力推动产业生态圈高质量发展。加快组建"政产学研用投"一体化的新型产业联盟，全面增强产业生态圈产业和要素承载能力，推动产业整体迈向价值链中高端。

以功能引领和优势塑造为重点，全面提升产业生态圈特色化发展水平，深刻把握新一轮科技革命和产业变革以及全球产业链供应链加速重构等趋势，着力布局构建电子信息、数字经济、航空航天、现代交通、绿色低碳、大健康、新消费、现代农业等8大产业生态圈，捕捉前沿技术和热点赛道，主攻28条重点产业链（见表4）。

表4　成都8大产业生态圈28条重点产业链

产业生态圈	重点产业链
电子信息	集成电路、新型显示、智能终端
数字经济	高端软件与操作系统、大数据与人工智能(含车载智能控制系统)、工业互联网、卫星互联网与卫星应用、金融科技
航空航天	航空发动机、工业无人机、大飞机制造与服务
现代交通	汽车(新能源汽车)、轨道交通、现代物流
绿色低碳	生态环保、新能源、新材料
大健康	创新药(含中医药)、高端医疗器械、高端诊疗
新消费	旅游业、文创业(含数字文创)、会展业、体育产业、音乐产业、美食产业(含绿色食品)
现代农业	现代种业、都市农业

资料来源：《成都市产业建圈强链优化调整方案》。

（三）贯彻绿色发展，全面推进工业绿色低碳转型

1. 科学有效推进"双碳"目标实现

一是融入国家碳中和战略布局，以能源结构转型为重点，构建清洁低碳能源体系，加强污染物排放总量控制，全面实行能源消费、二氧化碳等污染物排放的总量和强度双控制。二是以低碳为约束标准，统筹推进城市建设与产业发展，严控高耗能项目，加快产业低碳转型，深入推进工业、建筑、交通等重点节能工程。依托蒲江、大邑、都市堰等丰富林地资源，大力植绿造林、美化环境，积极发展碳汇林业，探索林业碳汇生态补偿机制。三是提升循环经济发展水平，深入

实施循环发展引领计划，加快建设循环经济产业体系，推进工业废气、废水、废物的综合治理和回收再利用，推动企业循环式生产、产业循环式组合、园区循环式改造；完善再生资源回收体系，运用"互联网+"的商业模式，有效整合资源，促进回收与利用环节有效衔接，提高废物资源利用效率。四是大力倡导绿色低碳出行、绿色消费，推进服务主体绿色化、服务过程清洁化，引导树立绿色循环低碳理念、转变消费模式。

2. 构建清洁高效绿色资源利用体系

一是实施产业绿色升级工程和绿色供应链工程，大力培育环保装备、环保技术和环保服务业，构建"绿色技术研发+绿色科技成果转化+绿色金融"的全链条平台；完善再生资源回收体系，推动再生资源回收利用互联网服务平台建设。推动能源供给侧结构性改革，强化节能降耗和清洁能源替代，实施电能和非化石能源替代行动，着力发展以电能为主的多能源耦合交互模式；实施能源梯级利用工程和智慧能源发展工程，积极建设分布式智慧能源网。二是强化水资源节约利用，落实最严格水资源管理制度，实行用水总量和强度控制；进一步挖掘重点领域节水潜力，深入开展农业、工业、城镇节水；提高水资源利用效率，积极推进海绵城市基础设施建设。三是提高土地节约集约利用水平，开展低效土地整治，采取增容、兼并产业升级等方式盘活存量工业用地，开展农村集体建设用地入市，盘活农村闲置土地。扩展土地开发利用空间，深入推进以地下综合管廊、产业综合体、轨道交通站点为核心的地下空间复合利用，引导城市发展向立体空间转变。

（四）打破区域限制，提升新型工业化联动发展水平

1. 积极融入全球产业体系

一是顺应全球新一轮科技革命和产业变革，聚焦高端、智能、

绿色转型方向，切实在产业规模、研发创新、标准品牌等方面提升核心竞争力，推动产业高端化现代化集群化发展。坚持先进性和高端化方向，增强高端核心芯片、新一代显示技术、新一代通信技术、高端装备的供给能力，构建多条占领先进生产环节、占据价值链高端的核心产业链，重点发展集成电路的高端芯片设计、航空装备大部件系统集成、汽车产业动力系统等高附加值环节，建成一批具有全球竞争优势的先进制造业集群，逐步增强全球供应链分工和高端要素配置的主动权。二是聚焦国内外一流企业，加快培育建立符合跨国集团、国内一流企业供应标准体系的供应商群体，构建高层次供应链环节，重点补齐功能测试、模型制造、产品试制、小批量加工等配套加工环节，形成高水平的生产链配套加工体系。三是把握全球新一代数字技术趋势，加快新技术、新关键生产要素的跟踪布局，推进大数据、人工智能、量子通信、物联网、区块链等重点技术快速突破和转化应用，培育精准医疗、商业航天、高端医疗设备、大数据、区块链等新兴产业，提升未来竞争优势。

2. 共建成渝地区双城经济圈产业生态

一是立足推动成渝地区双城经济圈"双核"相向发展，打造成渝发展主轴新兴增长极，共享天府国际机场建成投运势能，强化成都东部新区与资阳联动发展，支持资阳建设成都东部新区协同区。聚焦合力打造西部金融中心提高服务辐射能力，共同争取国家层面出台专项支持政策，协同开展金融合作项目，营建金融业发展良好生态。二是围绕协同建设现代产业体系提高支撑带动能力，共同培育若干以成渝为中心，在成渝地区乃至全国全球配置资源要素、组织生产销售的产业生态圈；共同建设高水平汽车研发制造基地，联手打造电子信息、装备制造等具有全球影响力和国际竞争力的现代产业集群，共同培育先进材料、生物医药等高成长性新兴产业集群，协同建设绿色食品等特色消费品产业集群；积极参与川渝合作共建产业合作示范园区。三是围绕合力打造数字产业新高地提升数智化水平，共同探索数字产业集聚发展模式，共促数字经济创新发展试验。推动两地工业互联网公共服务平台相互开放，合力构建全国领先的"5G+工业互联网生态"，共建成渝工业互联网一体化发展示范区。

3.加快成都都市圈联动发展

一是充分发挥成都带动引领作用，带动周边区域产业结构调整和发展方式的转变，通过整合资源、产业联动、抱团发展，联合德阳、绵阳等城市在电子信息、装备制造等成都经济区优势产业领域共同打造具有竞争力的产业集群，围绕产业链、采取集群化发展的方式进行强强联合，真正做大做强成都优势产业，促进大产业链的形成。二是促进市场要素自由流动，以区域合作为基础，在成都都市圈积极建立有利于人才合理流动的人力资源市场，建立有利于人口自由流动的社会保障体系和人力资源流入流出的补偿机制；推进跨地区的产权交易市场、金融服务市场等资本市场的建设，逐步实现资本市场的一体化；创建跨地区的科技开发创新体系，促进资金、科研机构、高校与企业结合，充分发掘科研潜力，创建以高科技创新为主的资、产、学、研相结合的创新体系及配套服务体系等。成都都市圈主导产业及可合作领域如表5所示。

表5　成都都市圈主导产业及可合作领域

主导产业	细分领域			
	成都	德阳	眉山	资阳
电子信息	"芯屏端软智网"六大细分领域的研发设计	电子元器件制造、行业数据处理和服务集成	新型显示研发制造	关键零部件制造

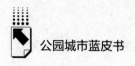

续表

主导产业	细分领域			
	成都	德阳	眉山	资阳
装备制造	工业机器人、整车、整机、卫星等的制造及核心部件研制	大型智能先进装备、轨道交通、航空航天、新能源汽车等关键零部件制造		
医疗健康	生物制品、高端医疗器械及材料、新型医药等前沿领域	原料药、药用原辅料等原料生产	生物技术药的新药测试和成果转化	中成药、首仿药研制
先进材料	高性能复合材料、先进功能材料、前沿材料的前端研发	石墨烯等特色材料	汽车、轨道交通、电子信息等产业材料制备	汽车、轨道交通、口腔装备等产业材料制备
绿色食品	现代种业、农副产品精深加工	烟草、酒类制造、粮油和休闲食品制造	有机蔬菜、优质水果种植	柠檬、桑蚕等特色农产品初加工和精深加工

（五）完善产业配套，营造新型工业化产业生态

1.加快引进和培育原材料和零配件生产企业

把招商引资与完善先进制造业配套紧密结合，根据产业链条图谱，有针对性、有方向性地招大引强，带动配套企业跟进，推动高端产业实现集群化发展，做好主导产业链的延链补链工作。围绕特色优势产业，积极拓展延伸产业链，有针对性地策划一批填补产业链空白点和薄弱环节的项目，推进特色优势产业成链发展。鼓励大企业配合配套供应链企业招商，鼓励大企业通过研发、技术转移、整合等形式扶持本地配套企业，提高原材料和零配件的本地化配套能力。突出发展先进制造业，坚持调存量与扩增量并举，主要在扩增量中调结构，

在经济快速发展中实现了产业结构优化升级，积极承接电子信息、汽车、高端装备制造产业等未来重点高端产业和产业高端的转移，吸引更多知名企业和品牌进驻。加大对新材料和节能环保领域生产原材料和零配件中小企业的扶持力度，提高本地电子信息、汽车、环保产业及高端装备制造产业配套件、原材料加工应用水平，提高高端产业和产品高端的本地配套率。

2. 提升园区配套服务功能

一是切实抓好高端产业和产业高端的产业集聚区的基础设施、生活服务、融资服务、保险担保、物流服务等配套服务的功能完善，促进产城融合发展，增强产业集聚区对高端产业和产业高端的吸引力，提升承载能力。二是着力创新产业功能区管理运营模式，打造集研发设计、创新转化、场景营造、社区服务于一体的生产生活服务高品质产业空间，重点以产业社区为单元营建高品质功能设施，打造一批产业社区示范区，以功能区产业特征为牵引布局专业化服务平台、功能平台，推动一批城市级功能性平台、项目落户产业功能区，实现从"供土地"向"供平台"转变。三是加快营造产业生态，提升先进要素集聚能力。围绕"5+5+1"设立产业基金，鼓励成立功能区主导产业子基金，全面推广新型产业用地制度。四是聚焦创新体制机制，提升服务专业化水平。建强专业化团队，加强专业化协作，提升功能区在规划设计、建设运营、招商服务等方面的专业化运营管理水平，推动共建产业创新合作平台、产业招商联盟，构建跨区域产业合作机制。

（六）强化要素保障，持续优化营商环境

1. 充分发挥土地的有效价值

一是充分发挥土地资源的利用空间和潜在价值，制定集约用地评价体系，评判开发区（园区）土地集约利用水平，采用评价结果与年度用地计划指标分解相挂钩的办法，促进土地利用效率的不断提

高。二是实行工业项目用地投入产出强度违约责任追偿制，工业项目用地必须符合工业项目用地控制指标和投资强度的有关规定，对未达到约定投入产出强度的项目，按合同约定追究违约责任。三是建立和完善土地低效利用退出机制，支持淘汰落后产能企业利用现有土地升级转产，及时做好关停企业的建设用地使用权收回工作，对退出土地要及时进行处置或纳入储备土地管理，以免造成土地闲置。对批而未征、征而未供、供而未用土地进行清理统计，逐项登记，建立宗地数据库，分别提出处理意见。对尚未达到法定收回期限的闲置土地，通过协商和合理补偿，动员土地使用者退出土地，盘活存量土地。

2. 加强政策配套和集成支持

各级政府和相关部门要制定促进新型工业化专项政策措施，从财税、金融、政府采购、知识产权保护等方面给予支持，加强各个部门之间政策的配套衔接，整合资源，形成支持合力。完善、整合现有的政策体系并积极创建新的政策，增强产业发展高端化的土地、投资、补贴、税收等方面政策和资金支持，统筹安排这些政策，使之相互配合、相互协调，最终实现促进工业发展高端化智能化绿色化的目标。

3. 做强人才"第一资源"

一是促进高校人才来蓉留蓉。做好在蓉高校大学生群体的"情感营销"，促进"雪山下的公园城市，烟火里的幸福成都"理念入脑入心，引导大学生将成都作为"第二故乡"。同时，在原有引才政策的基础上，通过探索新型就业模式、扩大社会见习和基层服务岗位规模、免费技能培训、企业引才示范奖励等方式，提升成都对高校毕业生的吸引力。二是营造良好的就业创业环境。针对青年人才在蓉办理落户、创业等相关事项，减少流程，做到"全程网办、全市通办"，让来蓉留蓉的青年人才感受到城市的温度。三是丰富青年城市文化生活。在住房、就医、职称评审等"硬保障"的同时，更多地关心青年人才精神文化层面的"软需求",打造一批受年轻人欢迎的商业街、美食街、运动场所、文化创意主题公园,定期推出青年玩乐地标、青年时尚活动、剧场文化演出等,营造属于年轻人的沉浸式、多业态娱乐休闲空间,全面提升在蓉青年的活力指数。

参考文献

成都市统计局、国家统计局成都调查队:《2022 年成都市国民经济和社会发展统计公报》,《成都日报》2023 年 3 月 25 日。

刘坤、宫世能:《苏州工业园区推进新型工业化的实践探索》,《新型工业化》2023 年第 5 期。

李霞、阎星:《改革开放 40 年成都经济发展道路》,四川人民出版社,2018。

中国社会科学院工业经济研究所课题组:《新型工业化内涵特征、体系构建与实施路径》,《中国工业经济》2023 年第 3 期。

张劲松:《新型工业化坚持走中国式现代化道路》,《广西社会科学》2023 年第 3 期。

黄群慧:《论新型工业化与中国式现代化》,《世界社会科学》2023 年第 2 期。

师博、方嘉辉:《数字经济赋能中国式新型工业化的理论内涵、实践取向与政策体系》,《人文杂志》2023 年第 1 期。

李德轩、许召元、柯俊强:《新阶段我国新型工业化发展的若干思考》,《理论探索》2023 年第 1 期。

王雅俊:《西部地区新型工业化发展质量测度与评价》,《科技管理研究》2021 年第 2 期。

黄群慧、贺俊、倪红福:《新征程两个阶段的中国新型工业化目标及战略研究》,《南京社会科学》2021 年第 1 期。

颜英、何爱国:《新中国七十年的工业化道路》,《福建论坛》(人文社会科学版)2019 年第 7 期。

B.3
人与自然和谐共生的信息现代化

马　啸　李雨珊*

摘　要： 本报告旨在研究公园城市信息现代化的内涵、原则与挑战，以及在公园城市建设过程中信息现代化与工业现代化、城镇现代化、农业现代化的关系与实现"四化同步"的路径。公园城市的信息现代化对应公园城市的内涵包括共享（公）、共融（园）、协同（城）、增值（市）等方面，并共同指向实现人与自然和谐共生的现代化的目标。公园城市和信息现代化叠加发展，从根本上丰富了工业现代化、城镇现代化、农业现代化的内涵，公园城市所彰显的价值将以信息化手段为载体嵌入"四化同步"的全过程。而这一发展过程将以绿色、安全、包容、开放、协调、创新为原则，应对多重挑战，助力成都公园城市实现新的"四化同步"的转型升级。

关键词： 公园城市　信息现代化　"四化同步"

---

* 马啸，中国社会科学院可持续发展研究中心助理研究员，研究领域为可持续发展经济学、环境与社会治理；李雨珊，中国社会科学院生态文明研究所助理研究员，研究领域为可持续发展经济学。

一　公园城市信息现代化的内涵与"四化同步"

（一）信息现代化的内涵与发展阶段

信息化是指培养、发展计算机、网络、通信、信息处理等高科技技术体系，并使之造福于社会的历史过程。信息化以信息为核心，通过信息的流动与处理，实现万物的互联与协同，让工业更加智能，让城市更加智慧，让农业更加精细；信息化还能优化治理结构、更新治理理念、提升治理效率。[①]

信息化在信息、技术、产业、应用、社会等各个层面都有其相应的含义，是一个整体的演进过程。在信息本身层面，是通过信息的采集、传输、存储、加工、处理等，来使信息资源得到充分利用；在技术和产业层面，是信息技术本身的飞跃发展，使信息产业和融型性产业不断发展壮大，同时带动其他相关产业技术水平的提升；从应用层面看，是信息技术在国民经济、社会各个领域的广泛应用和深入融合，引起产业结构、企业结构的重大变迁；从社会层面看，是信息技术对社会带来的变革性影响，使整个社会步入信息社会。[②]

在我国，信息化与现代化同向同行。中央于 1997 年召开首届全国信息化工作会议，在会议中提出了信息化和国家信息化的定义："信息化是指培育、发展以智能化工具为代表的新的生产力并使之造福于社会的历史过程。国家信息化就是在国家统一规划和组织下，在农业、工业、科学技术、国防及社会生活各个方面应用现代信息技术，深入开发、广泛利用信息资源，加速实现国家现代化进程。"信

[①]　《信息化是现代化的战略引擎》，《福建日报》2019 年 4 月 22 日，第 9 版。
[②]　陈玉和：《基于利益视角的信息研究》，复旦大学博士学位论文，2012。

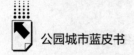

息化从发展之初就与现代化密不可分，承担着推动社会主义现代化的重任。

我国 20 世纪 60 年代正式提出农业、工业、科学技术、国防"四个现代化"；党的十八大以来，习近平总书记明确提出"没有信息化就没有现代化""以信息化驱动现代化"等一系列重大论断，深刻论述了信息化与中国式现代化的理论关系和发展现状，深刻阐明了信息化在社会主义现代化建设全局中的重要地位和作用①；习近平总书记在党的十九大报告中强调"推动新型工业化、信息化、城镇化、农业现代化同步发展"；党的二十大对全面建成社会主义现代化强国"两步走"战略安排进行了宏观展望，重点部署了未来 5 年的战略任务和重大举措。坚持以习近平新时代中国特色社会主义思想特别是习近平总书记关于网络强国的重要论述为指导，全面学习、全面把握、全面落实党的二十大精神，把建设网络强国的战略部署与实现第二个百年奋斗目标同步推进，切实以信息化推进中国式现代化，奋力开创网络强国、数字中国建设新局面。当前，信息化与现代化各领域正在发生"化学反应"，不断催生新业态、新模式，对社会的影响也将从物质和制度层面进一步上升到精神文化层面。当前，一个以人工智能为核心，融自然智能、人工智能、集成智能为一体的新的智能科技学科正在兴起，它必将改变人们的学习、工作、生活、思维和行为方式。②

党的十八大以来，习近平总书记深刻洞察信息革命发展大势和国内国际大局，就信息化在社会主义现代化建设全局中的重要地位和作用等发表了一系列重要论述，为以信息化推进中国式现代化指明了前进方向、提供了根本遵循。2016 年 7 月 27 日，中共中央办公厅、国

---

① 《深入学习贯彻党的二十大精神理论文章选登》，《中国航天报》2023 年 3 月 10 日，第 3 版。
② 《信息化是现代化的战略引擎》，《福建日报》2019 年 4 月 22 日，第 9 版。

务院办公厅印发《国家信息化发展战略纲要》，要求将信息化贯穿我国现代化进程始终，加快释放信息化发展的巨大潜能，以信息化驱动现代化，加强建设网络强国。党的十九大报告中进一步强调"推动新型工业化、信息化、城镇化、农业现代化同步发展"。习近平总书记在党的二十大报告中擘画了 2035 年建成现代化经济体系，形成新发展格局的宏伟蓝图，同时对建设网络强国、数字中国作出新时代的战略部署，深刻阐释了中国式现代化的中国特色、本质要求和必须牢牢把握的重大原则，把基本实现新型工业化、信息化、城镇化、农业现代化作为到 2035 年我国基本实现社会主义现代化的总体目标之一。推动新型工业化、信息化、城镇化、农业现代化同步发展，在现代化进程中加强各领域的关联与耦合，使之构成一个完整的现代化体系，必须加强信息化在现代化建设全局中所起的战略引擎和战略导向作用，深入开发、广泛利用信息资源，加速实现现代化。

（二）公园城市信息现代化的内涵

公园城市是超越农业文明与工业文明、契合于生态文明的城市发展新范式，其核心内涵是重新确立人对城市的所有权地位，对城市进行以"人/公"为中心的革新；重新统一人与自然的和谐关系，将公园形态与城市空间有机融合，使人民共享"园"的生态福祉；重新塑造"城"的结构化功能构型，使产城融合、多园一体，并在新的智慧化基底上运用"市"的机制高效调配资源，使之成为城市高能级发展的活力源泉。公园城市内涵包含普惠性（公）、生态性（园）、整体性（城）、高效性（市）四方面，公园城市的信息现代化也对应地包含共享、共融、协同、增值的意涵，并共同指向实现人与自然和谐共生的现代化的目标。具体而言，公园城市的信息现代化是以信息化的手段厘清公园城市人与自然共生的边界、架通共融的路径、联动协同的网络、核算增值的成效、传播共享的福祉的过程（见图1）。

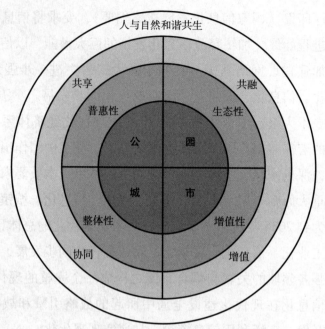

图1　公园城市信息现代化内涵关系

1. 厘清共生的边界

公园城市以生态文明的价值观重塑人与自然的关系，要以自然的生态容量为准绳厘清人与自然共生的边界，明确生态空间占比和结构，建立公园城市全域自然资源和生态空间"一本账"。同时，要求以信息化赋能自然资源和城市空间全生命周期动态管理（见图2）。完善空间数据资源体系，采取分析评价、在线审查、进度监管、实施监督等全流程闭环管理；加强动态感知能力，实行实时监测和预警。融合互联网大数据与自然资源数据，为自然资源与生态空间开发利用动态监管和精准决策提供数据支撑。

2. 架通共融的路径

公园城市范式创新的本质是以"园"的营造为指引，重塑人与自然和谐合一的城市空间，使城市中人与自然的关系从工业社会的"人耗竭自然"向"人增值自然"的新模式转变。在空间营造上，消弭以

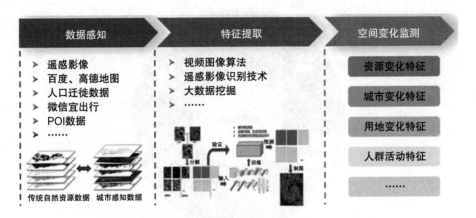

图 2　自然资源和城市空间全生命周期动态管理示意

图片来源：国地科技。

实用性功能划分的城市空间边界，将城市融合塑造成生态园、生活园、产业园、商务园、文教园多园互融（见图 3）、衔接嵌套的有机综合体。信息现代化创新了城市调控、城市预测、城市治理、城市监管方式，有效提升城市的精准化、一体化水平。通过智慧城市实现科学敏捷决策，通过智慧交通提高城园联通效率，通过智慧化公共服务创新供给模式，提高社会资源配置效率，实现多园之间服务均等、优质、高效。①

与此同时，信息现代化改变了生产和资源利用方式，从而改变了城市组织资源开采、生产和利用，农村负责提供初级产品的分工关系，有利于重构城乡生活、生产、生态结构，促进城乡互融，建成既保有田园乡村优质自然环境又有城区现代化服务功能的新城乡结合体。在生产方面，信息现代化促进了城乡生产原材料供应、生产过程、生产配套融合；在生活方面，信息现代化为城乡生活内在融合提

---

① 曲巍巍、程迎新：《网络化　服务化　协同化　智能化　我国产城融合的"四化"趋势》，《人民论坛》2017 年第 4 期，第 80~81 页。

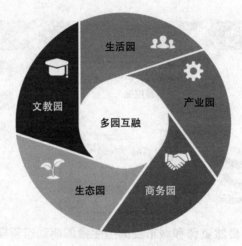

图 3　公园城市多园互融示意

供了技术条件，促进城乡居民对美好生活达成新的认同，满足多元需求，彰显现代化生活服务的价值；在生态方面，信息现代化促进生态要素融合、生态景观融合和生态保护融合，促进城乡生态平衡发展和可持续利用（见图4）。

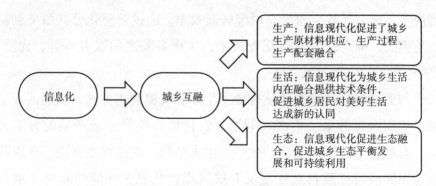

图 4　公园城市信息现代化促进城乡互融示意

3. 联动协同的网络

现代化信息技术基于海量数据和智能分析，克服了传统治理思维下的局限性和片面性，打破了人民参与治理的空间格局，改变了治理思维，提高了治理决策的有效性，为公园城市跨层级、跨部门、跨社会群体的协同提供了可行路径。① 首先，信息化为跨层级的政府间协同提供了技术上的可行性，通过信息共享、明确权责归属，增强决策的公开性和透明性，减少政府间的博弈，保障政策的有效落地，提高城市治理效率。其次，通过信息化平台对接连通跨部门、跨行业的数据信息，有效地解决了社会生产部门之间条块分割、信息不对称的问题，推动各部门从"单打独斗"到"协同联动"②。最后，信息现代化为深入体察社会各群体诉求提供了行之有效的途径，保障公园城市建设人人有责、人人尽责、人人共享。

4.核算增值的成效

公园城市是城市发展模式的范式性革新，即从基于技术经济的传统城市发展模式向基于自然的解决方案的根本性逻辑转换——在前者的语境下，生态保护和经济发展是零和博弈的对立主体；而在后者的视角中，生态保护和经济发展的价值得以完成创造、转换与统一，经济增长助益生态保护，生态价值反哺经济发展。信息现代化助力生态价值增值体现为三方面（见图5）。第一，通过信息化实现生态产品全方位定量化核算和精准化数字化表达，以经济资产的形式创建自然资源资产负债表，对自然资源的价值进行定量化表达与评估；通过推进 GEP 核算工作，给生态价值"明码标价"，为自然资源资产量化核算和生态产品市场交易提供信息化的技术依托。第二，通过智能化实现生态产品动态评估。依托遥感技术、空间高分数据和测绘信息等智能化的现代监测手段，叠加各类功能图形信息，建立自然资源资产信息化管理平台，以反映自然资源资产的存量、质量、价值、负债及其

---

① 陈劲：《信息化、智能化对国家治理现代化至关重要》，《国家治理》2020 年第 18 期，第 16~18 页。

② 李书、李周羲：《智慧城市浪潮下，宜居成都再进阶》，《产城》2021 年第 11 期，第 32~35 页。

流向变化情况等各项量化数据，为生态产品市场提供数据参考，有效解决自然资源资产审计"价值无法评估"的技术瓶颈问题。第三，以信息化手段培育生态价值转化市场。通过信息化平台促进各市场主体之间信息和资源要素互联互通，将自然资源资产数字化的定量评估结果导入以供市场参照，可以为有偿使用、流转和交易提供依据。[①]

图5 公园城市信息现代化助力实现生态价值增值

5. 传播共享的福祉

公园城市新范式的核心为"公"，重申城市属于人民，在实践中提倡以人为本的城市基本公共服务均等可及、区域城乡协同发展、全民参与共建与治理并共享福祉。一方面，信息现代化使公园城市逐步具备全息感知公园生境的容量、状态、风险动态变化的能力，人人得以时时事事参与公园生境保护、监督和营造，体现生态善治；另一方面，深入城市社会细胞肌理的智慧化治理网络，弥合城乡之间、部门之间和不同社会领域之间的信息级差，贯通市、区、街道、社区、小

---

① 李芳芳、杨赫：《生态产品市场化价值研究》，《青海金融》2022年第7期，第4~10页；李宏伟：《数字化、智能化助推生态产品市场化》，《光明日报》2019年7月20日，第5版。

区等多层次场景，为多元主体参与城市社会治理提供了便捷可及的渠道，实现社会善治。以信息现代化催动生态善治，实现人与自然交互传感、和谐共生；以信息现代化推进社会善治，使人与人拥有均等机会参与公园城市的建设和管理，共享人与自然和谐共生的福祉。

（三）公园城市信息现代化驱动"四化同步"

在我国现代化发展进程中，信息化的重要作用和价值不断凸显，信息化在国家现代化中越来越占据核心地位，其重要性与自身特点紧密相关。第一，信息技术的发展带动了信息产业，信息产业在国民经济中的占比越来越大，它渐渐地成为未来国家发展的支柱性产业。信息化在国家经济现代化的发展过程中越来越成为根本的推动力之一。第二，信息化是连接国家现代化不同发展要素的黏合剂。信息技术本身就可以建立不同事物之间的联系，通过网络技术以及智能化信息设备能够建立万事万物之间的联系，从而信息化能够很好地将不同要素发展整合在一起，从而使国家现代化建设以一个整体的形态更好地运行。信息化能够促进国家现代化不同方面、不同要素以一种系统的方式从量变向质变转换。第三，国家的信息化，涉及经济的信息化、社会的信息化、政治的信息化、文化本身的信息化。信息技术的底层渗透性，使它成为社会不同方面发展的重要基础，如果没有信息化的重要贡献，国家发展的不同层面很难彼此协调起来，它们很难构成一个统一发展的整体。第四，信息化涉及的不仅仅是技术以及经济层面，它还涉及更为深刻的文化以及生活层面，信息技术在深刻地改变着人类的生活、学习、社交以及工作等方面，深刻地改变着人类的文化形态以及内涵。对于国家的精神文明建设以及发展来说，信息技术已经成为最为普遍以及影响最为深刻的文化环境。

在建设公园城市的过程中，成都着力以信息现代化驱动"四化同步"。公园城市和信息现代化叠加发展，从根本上转型和丰富了工业现代化、城镇现代化、农业现代化的内涵,公园城市所彰显的价值将以信息化手段为载体嵌入"四化同步"的全过程。在工业化方面,要求大力发展以信息产业为代表的低碳高附加值的新兴产业,同时推动工业存量朝绿色化和智慧化转型升级,建强绿色能源供给的工业互联网支撑体系,实行产品全生命周期绿色化、智慧化管理(见图6)。

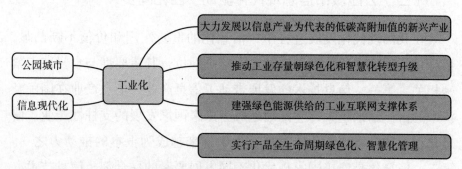

图6 公园城市信息现代化赋予工业现代化新内涵

在城镇化方面,依托覆盖全域、动态监控城市容量、感知生态风险的数字平台,开展自然资源和城市空间的数据归集、规划审查与管理,使城镇化发展符合生态容量,提高城市的安全韧性;提升通信网络基础设施能级,积极构建算力基础设施体系,催生信息化新场景,转变生产生活方式;推进智慧城市建设,促进精细化治理,实现城市数据一网通用、城市运行一网统管、政务服务一网通办、公共服务一网通享(见图7)。

在农业现代化方面,划定和监测耕地和生态红线,保障农业和粮食安全;以信息化赋能农田建设、生产管理、技术升级和农村治理等,促进农业高质量发展,提高农业生产效率;以网络平台汇聚市场要素,追溯和彰显农业生产环节中的生态附加价值,实现农业产业和农村生活的生态价值转化(见图8)。

对于"四化"的认知与定义伴随时代的发展不断更新,其内涵

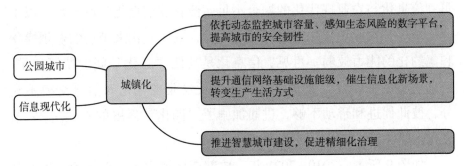

图7　公园城市信息现代化跃迁城镇现代化能级

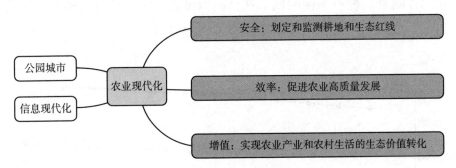

图8　公园城市信息现代化提升农业现代化水平

与时俱进、延展迭代。党的十八大首次将信息化纳入"四化"之中，明确提出"四化同步"发展的重大政策导向，至此，信息化作为"四化同步"的内容之一，被提升至国家发展之战略地位。但是工业化、城镇化、农业现代化和信息化的发展程度往往不均衡。作为新的社会生产力形式，如果信息化驱动不足，将致使其与工业化、城镇化和农业现代化融合程度不足。信息化与工业化的深度融合不足，会使工业化无法向以信息资源为基础、知识创新为驱动、互联网为载体的工业化高级阶段迈进，因而无法进一步推进农业等相关产业结构的转型升级，对城镇化和农业现代化的带动力不足；信息化与城镇化的融合不足，使构筑在城乡之间、农民工与市民之间的数字鸿沟无法消弹；信息化与农业现代化的融合不足，使农业信息化建设不足，以工业化来提升农业现代化水平的能力不够，以城镇化来带动农业规模化和集约化的能力较弱。可见，信息化是其他"三化"间的桥梁纽带，信息化不足将导致工业化、城镇化以及农业现代化间信息交换不充分，彼此促进和带动不够，进而加剧了"四化"发展的不同步。[①] 信息化也是驱动"四化同步"的重要引擎。

如图9所示，2010~2021年，成都市城镇化率一直保持稳步上升的态势，由2010年的65.75%上升至2021年的79.48%，快速的城镇化也伴随着各种不平衡问题。在公园城市建设中，针对几种不平衡的情形，成都利用信息化手段实施有策略的应对。

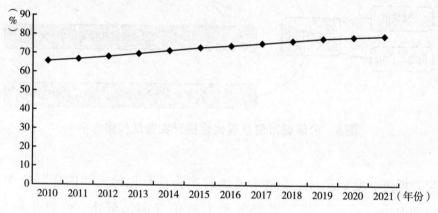

图9 2010~2021年成都市城镇化率

资料来源：《成都统计年鉴》。

面对农业现代化发展总体滞后的情况，成都坚持以智能化理念提升农业科技化和信息化水平。深入实施"互联网+现代农业"和"农

---

① 刘筱红、施远涛：《"四化同步"发展下留守妇女家庭离散问题治理研究——基于中西部六省农村的实地调查》，《人口与发展》2014年第1期，第81~89页。

业经营主体+互联网"行动计划，大力发展农产品电子商务，积极开展重大农业科技攻关，加快实现科技创新、成果转化和农技推广的无缝衔接，全面提升农业智慧化水平。建成市级种养循环项目79个，农业信息化示范基地项目56个，智能滴灌2万亩，农业创新创业孵化基地10个，特色农产品电子商务示范县6个、示范镇26个。[1] 落实耕地和永久基本农田利用要求，加快推进高标准农田建设，落实"长牙齿"的耕地保护硬措施。推动农产品电子商务发展，深化农产品产销对接模式，构建安全高效的都市现代农业流通体系。[2]

构建"4+6"都市现代农业发展格局，打造多元产业融合发展业态，加快推进成都国家现代农业产业科技创新中心建设。强化都市现代农业产业要素保障能力。持续深化国家城乡融合发展试验区建设，落实做好两项改革"后半篇"文章"27+1"专项工作方案，围绕土地、资金、人才三个方面强化都市现代农业发展要素保障能力。加强基层党建，让有情怀、有能力、治村经验丰富的干部投身乡村振兴事业。

推进以县城为重要载体的城镇化建设。实施县城补短板强弱项工程，重点是推动污水垃圾、排水管网、老旧小区等17项建设任务，大力增强县城综合承载能力。深化百镇建设行动，继续实施中心镇"六大提升工程""五项改革措施"，加快培育省级百强中心镇，引领带动全省小城镇高质量发展。[3]

在工业化滞后于城镇化的新城区内，着力发展新型产业。将新型

---

① 谢瑞武：《成都市以工业理念发展都市现代农业的实践与思考》，《农村工作通讯》2017年第3期，第53~54页。
② 成都市农业农村局：《成都市打造都市现代农业"四大发展路径"，树立乡村产业振兴成都标杆》，2022年6月28日。
③ 四川省人民政府新闻办公室：《四川举行省委十二届二次全会新闻发布会》，2022年11月30日。

工业化和新型信息化深度融合，在新城区推进电子信息"芯屏端软智网储"全产业发展，力争数字经济核心产业增加值占 GDP 比重超14%；在产业数字化方面，深入实施"上云用数赋智"行动，加快数字化、网络化、智能化进程，新建智能工厂50家、力争上云企业突破10万户。同时，加速传统制造业改造升级，以数字化、绿色化手段推动产业转型，高端装备制造业快速发展，绿色能源产品供应量位居全国前列。成都市统计公报数据显示，2020~2022年成都市规模以上高技术制造业总量保持持续增长，其中2021年增长率达到18.3%（见图10）。

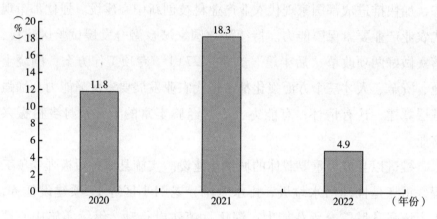

图10　2020~2022年成都市规模以上高技术制造业增长率

资料来源：成都市统计公报。

在城镇化滞后于工业化的产业园区周边，推进城市智慧化更新。建立完善"以城市体检发现问题、以城市更新解决问题"的工作体制和机制，系统构建城市更新政策法规、技术标准和管理体系。深入实施生态修复和城市修补"城市双修"，加快补齐污水垃圾、排水防涝、地下管网等基础设施短板。同时，实施市政基础设施智能化建设和改造，推动城市信息平台建设，提升城市智慧化水平。

信息化是并联"四化"的桥梁，信息现代化是激活"四化同步"

的密钥。成都建设公园城市信息现代化的经验表明，针对不同发展情况有的放矢地，以信息化技术、信息化产业、信息化手段、信息化平台助推补齐短板、转变逻辑、扩充维度、提升能级，是坚守人与自然和谐共生基底实现城市高水平再造的有效途径。

二 公园城市信息现代化提效工业现代化和智能制造

信息化和工业化是我国现阶段社会经济发展的两个重要动能。工业化是现代化不可逾越的阶段，是早期现代化的鲜明特征和时代标志；信息化不是工业化的附属，而是工业化发展到一定阶段的必然选择，是引领现代化转型发展的先导力量，是当今生产力的发展方向，二者融合能够为我国后疫情时期经济社会发展转型提供新动力，是我国经济发展的必然选择。

推动信息化和工业化的深度融合对提高我国工业企业生产经营效率、推动制造业转型升级具有重要的战略意义，二者深度融合是实现中国式现代化的必由之路，也是促进我国后疫情时期经济增长、经济发展方式转型的必由之路。信息化技术具有较强的渗透性和创新性，与传统技术融合之后能够极好地带动工业产业发展，持续推动以信息产业为代表的低碳高附加值的新兴产业发展。

信息化和工业化深度融合是发展智能制造和现代工业体系的重要途径，能够有效推动工业存量绿色化和智慧化转型升级。智能制造将信息技术与制造技术相结合，通过以信息化技术赋能设计、生产、管理、服务等制造活动的各个环节，推动信息化与制造业的深度融合，改善制造业从产品开发设计、到生产、再到经济管理的各个环节。现代工业体系依托于信息技术而生，建立现代工业体系需要加强信息技术在工业领域的应用，通过智能化发展增强传统制造业的生命力，促

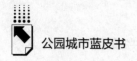

进传统产业转型升级，实现我国智能制造的提质增效，全面提升公园城市制造业的竞争力。

信息化是现代化的战略引擎，在新一代信息技术与制造业领域深度融合背景下，工业互联网平台作为发展人与自然和谐共生的中国式现代化的核心基础设施应运而生。资本密集和耗竭自然的传统工业化模式已经发展到了极限，迫切需要推动经济发展方式从粗放型向集约型转变。工业互联网与工业，尤其是高耗能产业相结合，发挥工业互联网在数据统一聚合上的优势，建强绿色能源供给的支撑体系，实现能源消耗数据和碳排放数据的实时监测。工信部数据显示，截至2022年9月，全国已建成具有一定影响力的工业互联网平台超过150家，对工业领域降耗减排发挥了重要作用。工业互联网的快速构建，能够有效提高工业领域劳动生产率和资源利用率，突破资源和环境的约束，降低资源消耗总量，促进产业转型升级，推动社会经济协调、可持续发展，实现人与自然和谐共生的中国式现代化。

智能制造涉及研发设计、生产制造、经营管理、运维服务等多个业务领域。通过信息技术赋能工业领域，有效提升关键工业企业核心生产程序的数控化率、经营管理流程数字化普及率和数字化研发设计工具普及率等关键指标，实现产品全生命周期绿色化、智慧化管理。通过信息化手段赋能智能制造业能够加快生产全生命周期的智慧化改造，推动数字化建设，不断深化先进生产过程智能控制系统在工业企业的应用，加快制造系统的数字化部署和信息领域的优化升级，推动生产管理与生产制造全过程的实时感知分析、精准决策、精确执行。信息现代化以信息为核心生产要素，通过海量信息的处理与存储，实现工业生产链条的互联互通，推动工业生产过程更加协调智能，助推公园城市制造业高端化智能化绿色化转型。

以信息化赋能工业领域提质增效是公园城市信息现代化的重要方面之一。成都是全国重要的电子信息产业聚集地之一，是四川省建设国家数字经济创新发展试验区的核心区域，多所国内知名高校汇集，为公园城市信息现代化提供了良好的信息化基础设施、产业及人才基础。信息化产业不仅是成都的支柱产业，同时也是成都的首个万亿级产业，成都市电子信息产业规模已经突破了 1 万亿元。工信部《2022年新一代信息技术与制造业融合发展试点示范项目名单》中，成都共有 5 个项目①入选，项目数量位居副省级城市第六。其中，东方电气、星云智联、中电九天 3 家企业积极通过平台建设帮助制造业企业提升数字化智能化水平，获评特色专业型工业互联网平台②。

三　公园城市信息现代化驱动城镇现代化和精细治理

公园城市是城市发展模式的范式性革新，即从基于技术经济的传统城市发展模式向基于自然的解决方案的根本性逻辑转换——在前者的语境下，城乡二元结构发展是单向且割裂的，城市不断向乡村索取资源；而在后者的视角中，城乡发展是双向融合的，乡村不只为城市提供发展要素，同时也愈发具有城的功能，城市也在不断融入更多乡村要素。远程沟通技术减少了不必要的出行，一定程度上减少了机动车的使用，从而实现节能降碳的目的。数字化手段也为居住在城市近郊和农村的居民提供了数字医疗和远程问诊服务，使其也能享有优质、及时的医疗服务，推动城乡一体化转型。城乡融合发展，通过经济增长助益生态保护，而又以生态价值反哺经济发展（见图 11）。

---

① 分别是成都飞机工业（集团）有限责任公司、四川领吉汽车制造有限公司、中电九天智能科技有限公司、成都星云智联科技有限公司、东方电气集团科学技术研究院有限公司等企业。

② 《成都五项目入选工信部大数据产业发展试点示范》，《成都日报》2022 年 11 月 3 日，第 2 版。

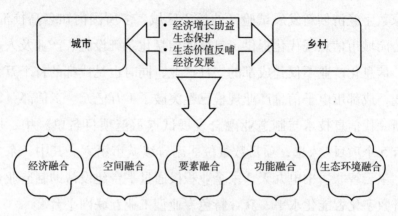

图 11 公园城市城乡双向融合发展

公园城市是对工业文明城市的系统性反思。传统工业文明城镇化发展和城市营造遵循经济逻辑，推崇规模效应，进而催生极化的超大城市和集聚发展的城市群。而在公园城市发展范式下，城市发展和治理将经济逻辑、安全逻辑、生态逻辑和治理逻辑综合纳入总体考量，倡导安全而均等、韧性而美、包容式发展的城镇化。信息现代化治理手段有利于驱动以人为本、包容、韧性、高效的公园城市治理，通过城镇信息现代化和精细治理提供均等包容的城市服务，推动城市功能不断完善，使城市成为居民与自然环境和谐共生的宜居之所。

2020 年底，成都成为全国第一批试点新城建的 16 个城市之一，在提高城市安全性、健全社区服务、提高市政服务水平等关键民生领域开展数字化、网络化和智能化等信息现代化建设，通过聚焦信息化基础设施带动新场景，转变城市生产生活方式，为居民营造更加方便、安全、舒适的城市生活环境。同年 10 月，成都市委、市政府印发了《关于支持成都东部新区建设全面体现新发展理念的未来之城的意见》（以下简称《意见》），打造成都公园城市信息现代化建设的新引擎。东部新区正在建设全国首个民航科技创新示范区，聚焦民航细分领域技术攻坚；立足于临床医疗实际场景，推动高原病、老年病等医疗研究成果就地转化；加快教育、住宅、医疗、交通、文旅等板块信息现代化建设，为居民创造便利的生活场景。

成都市作为四川省境内唯一的超大型城市，城市边界的不断扩张和居民的不断聚集给城市快速发展带来机遇的同时，也大幅增加了城市治理难度。通过信息现代化手段进行精细化治理，既是对中国式现代化的更高追求，也是基于现实需求的解决手段。成都市加速推动"智慧蓉城"建设，旨在打破传统治理模式下的信息和层级约束，通过数据畅流实现精细化管理，提升社会治理能力，实现公共管理的精准高效，为超大城市治理提供新的思路。

成都市于2021年入围国家智能社会治理试验基地，开展智能社会治理实践。通过信息现代化手段，在新的智慧化基底上，借助先进的智慧治理手段，构建以"智慧蓉城"为核心的在线城市服务平台，实现公共事务"一网统管"、风险防控"一体联动"、社会诉求"一键回应"，各类网络末梢传输的数据得以"一屏全观"，社区居民基本生活服务达成"一码通城"，实现城市公共服务设施全面均等化配置，将成都公园城市社区建设成一个既服务于上班族，也服务于老年人、幼童、残疾人的宜业宜居的聚居地，真正实现公共服务的便捷可及。建成"雪山下的公园城市、烟火里的幸福成都"，为营造"人人有责、人人尽责、人人享有"的公园城市提供可复制的新范式。

四 公园城市信息现代化保障农业
现代化和城乡一体

公园城市信息现代化从安全、效率、价值三方面提升了农业现代化水平，从本质上改变了城乡在生态、生产、生活方面的分工和差别，为实现"城中有乡、乡中有城、城乡一体"提供了实施途径和技术支撑。

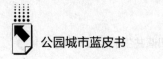

（一）保障耕地和农产品供给安全

首先，推动耕地质量长期定位监测。建立集图形、属性为一体的高标准农田耕地质量监测成果管理数据库。其次，实行耕地变化情况动态监测。组建市级层面专门的高素质督察队伍，统筹运用遥感影像开展耕地变化情况每月动态监测，着力健全"人防+技防"机制。再次，运用电子桩、二维码等信息化手段强化对耕地的监管监测。最后，健全市场粮食安全监测预警体系。充实地方粮食储备，建立涵盖供应网点、加工企业、储运企业、配送中心、保障中心的粮食应急保障体系，建立健全价格监测点，加强监测数据分析研判，落实满足全市 5 个月销量规模的粮食储备，确保终端消费市场不脱销、不断档。[1]

（二）推动农业生产高质量发展

以信息化赋能农田建设，发展创新"高标准农田+"模式。田网、水网、路网、观光网、服务网、信息化网、设施农业配套用地网"七网"加速成形，农业基础设施建设和信息化水平显著提升。

以信息化赋能农业服务，实施农业园区信息化经营。都市现代农业园区利用互联网、物联网、云计算、大数据、5G 等新一代信息技术，加快推动水利、公路、电力、冷链物流、农业生产加工等乡村基础设施网络化、数字化、智能化改造。截至 2020 年，成都市已有 2038 个村接入了宽带网络（见表1）。

---

[1] 张红霞：《守住粮食安全生命线　成都出台十条"硬"措施》，川观新闻，2022 年 8 月 18 日；张红霞、张竹欣：《成都：出台十条措施　让"米袋子"又好又安全》，《四川日报》2022 年 8 月 19 日。

表1 2020年成都市农村社会基础设施

单位：个

通有线电视村数	通宽带村数
2038	2038

资料来源：《成都统计年鉴（2021）》。

以信息化赋能管理，推动农作物管理专业化和精细化。综合5G、多光谱、近地遥感、大数据等技术，构建农作物生长模型、测土配方模型、产量预测模型、农作物长势模型等，实现对农作物的精细化管理。①

以信息化赋能农业技术，推动资源利用和计量自动化。通过智能化设置，将合适的水、肥料等资源匹配到埋在地里的管网中，科学化调整浇水和施肥的程度，既满足庄稼需求，又不浪费资源。

以信息化赋能乡村生活，提高乡村治理数字化水平。建设"天府惠农服务中心""润地吉时雨""中化MAP"等涉农数字服务平台，推动形成综合数字农业服务体系。构建乡村治理数字化平台，围绕"互联网+政务""互联网+商务""互联网+服务"三大板块展开，建成综合管理服务信息平台，实时监测农村生产、生活、生态情况。建设数字乡村标准治理体系，加快乡村"智"理进步、农业智慧发展，为实现乡村精准化自治提供数字化引擎。

（三）推动农业生态价值转化

完善市场机制，促进生态农产品价值转化。以信息化手段建立生鲜农产品供应及价格监测机制；综合批发市场和网上交易市场建立供需及价格共享机制，实现商品供需及价格信息的互联互通、信息共

---

① 周颖昳：《大邑打造四川数字化农业"标杆"》，四川在线，2022年6月14日。

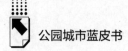

享；建立农副产品溯源平台，提高生态农产品的认知度和美誉度，实现绿水青山的生态价值转换。

打造生态融合新场景，提升农村多元生态价值。立足自然生态区，依托数字孪生平台、基础数据库，提供便捷高效的智慧物业、智慧医疗、智慧文旅等运营管理服务，成功塑造"城乡相融、蓝绿交织、服务均等"的优美城乡形态。①

五　公园城市信息现代化建设的原则和挑战

（一）公园城市信息现代化建设的原则

1. 以绿色发展为纲线，增值生态价值，支撑公园城市率先实现碳中和

信息现代化与碳中和目标相辅相成。为了解决水能、风能、光伏等新能源发电方式本身的不稳定性问题，成都市将信息现代化手段与碳中和目标相结合，助力公园城市碳中和目标。成都通过信息化手段赋能环境治理，提出环境信息化和环境经济政策两轮驱动理念，通过搭建数字环境平台中枢，突破数据共享壁垒，初步形成天、空、地一体化的生态网络监测体系，树牢绿色发展的底线。通过信息化手段，提速对企服务，通过优化企业"数智环境"，打造友好的营商环境，助力可再生能源产业发展。

通过信息化手段提高生态价值转换效率为公园城市生态价值转化和绿色经济升值提供足够的支撑和经济收益，是信息现代化增值自然、助推公园城市转型的重要方式。但是从成都市目前情况来看，针

---

① 赵鑫、赵博渊：《综合5G等技术实现对农作物的精细化管理　成都大邑深入推进数字乡村建设》，每日经济新闻，2022年11月10日。

对产业功能区的生态治理体系还不健全，企业在节能和环境治理方面的经费投入占比仍然较低；公园城市绿道植入商业模式的经营性项目较小，绿色空间体系自我造血功能还比较薄弱；生态价值转化信息化机制尚未完全贯通，还不能为公园城市生态价值转化和绿色经济升值提供足够的支撑和经济收益，如何实现生态价值转化依然是公园城市建设的重点问题。

2. 以安全发展为底线，管理监测风险，保障公园城市空间安全

信息现代化提升了城市安全管理的效率，但是在信息数字化时代，公园城市信息现代化建设同样面临多重信息安全挑战。随着信息化终端用户的不断接入和增多，用户隐私数据信息泄露风险不断加大，给信息现代化建设推进带来阻碍。在成都公安发布的危害网络完全典型案例中，多个不法分子利用信息化手段对公共服务网络平台发起攻击、骗取他人信息进行诈骗、攻击城市基础设施网络等，对国家安全和社会和谐稳定产生严重危害。面对信息化产业快速发展带来的虚拟空间网络信息安全问题，需要加强信息基础设施安全建设，通过构建信息安全体系，管理监测风险，消除安全隐患，才能放大和叠加公园城市信息现代化建设对经济社会发展的重要作用。

成都市国家西南区域应急救援中心所在地，是国家应急管理部在全国部署建设的 6 个区域应急救援中心之一。成都市是地质灾害高发区域，近年来城市内涝频发，应对极端自然灾害频发的态势，完善城市安全能力，推动韧性城市建设也是成都市公园城市建设的重要内容之一。

3. 以包容发展为基线，实现服务均等，助推公园城市福祉共享

公共服务只有具有普遍性、公平性和包容性的特征，才能在社会正义和平等价值的基础上满足社会公共需要。为了应对城镇化迅速发展导致的政策不协调和服务不均等问题，成都市依托较好的信息化基础设施，在智慧医疗、智慧出行和公民服务方面进行了诸多探索。通

过"天府市民云"市民服务平台整合上线了 34 个职能部门的 146 项便民服务,拓宽公共服务边界。基于良好的信息化基础设施和医疗基础,四川大学华西医院通过 5G 网络开展了多地医疗会诊、远程医疗应用以及智慧医院等多个信息现代化场景应用,使地处农村、山区等偏远地区的居民也能够及时享受到同等的医疗设施和服务,提升了医疗服务效能。

但是,信息化技术和设备的快速发展给学习能力较弱的残疾人和老年人,以及无法第一时间接触各种先进数字化设备的贫困群体带来了新的挑战。随着数字化应用的不断推广,无法熟练掌握相关使用方法的群体的日常生活受到严重影响,他们会在数字化发展的大潮中被孤立,成为新的脆弱群体。在公园城市信息现代化的建设中,要不断提高所有群体和利益相关方信息化服务的参与程度,扩大包容性转型的效益,使边缘化和受歧视群体在信息现代化建设中能享受平等待遇,共享公园城市信息现代化建设的福祉。

4. 以开放发展为张力,带动区域协同,构建公园城市集群优势

数字经济背景下,充分发挥成都的带动作用,推动成德眉资信息化一体化发展,共同打造智慧都市圈;推动成渝地区信息基础设施互联互通,实现全国一体化算力网络成渝国家枢纽节点双城功能协同、数据互通,加速共建成渝地区工业互联网一体化发展示范区,是成都市"十四五"时期信息现代化建设的重要任务。成渝两地都在各自推进且不断深化数字政务平台建设,并合作推进政务服务一体化建设和公共服务数字化建设。

但是从实际情况来看,成德眉资都市圈尚未建立起统一的区域性的污染防治地方性法规,以及推荐性行业准入和管控标准,区域内大气排放标准和行业管控标准也不统一,生态环境信息尚未实现共享对接,为四地生态相容,推动公园城市集群发展带来阻力。在市政管理上,成德眉资同城化发展仍面临着系统信息对接不畅、综合系统功能

不全、数据开放共享不足等问题，各业务系统与省一体化平台间数据融合共享不充分，导致跨区域"一网通办"难度较大，已经建立的数据共享专区的资源数量及质量都无法满足信息现代化建设的需要。此外，目前数字网络一体化尚未实现完全覆盖，不同部门数据软件之间存在互不兼容问题。在数据资源共享、开放、利用上仍然存在不想、不敢、不会共享开放的现象，导致信息重复报送、出错率较高等问题①。

5. 以协调发展为合力，突破数据壁垒，提升公园城市信息化能级

公园城市的信息现代化要求打破数据壁垒，突破信息茧房，采用新的智慧化方式和手段重建体系、重塑流程、重组结构。要实现数据和信息化要素从分散走向汇集，从部分走向整体，从破碎走向整合，必须协调不同层级之间"上下合作"，部门和行业之间实现"水平合作"，达成不同地域和群体之间的"左右合作"，促成政府与企业、社会之间的"内外合作"，为实现产城融合、城乡一体、"四化同步"的高质量发展提供最大合力。

但现实中，数据归谁所有、谁有权利用、使用范围如何界定、使用安全如何保障、个人和企业如何保障自己的数据不被滥用等一系列问题都有待厘清，突破数据壁垒尚需制度创新。由于目前我国尚未形成数据要素流转市场的基础制度，数据流通利用面临产权归属不明、定价机制不清、交易信任机制不畅等问题②，拥有数据的部门和企业，在数据共享方面既没有法律支持也缺乏主观意愿。新产业、新技术、新业态、新商业模式不断更新迭代，不同部门和主体之间，数据采集和应用的标准不统一，规范不健全，同样对信息的流通与融通造

---

① 李外禾：《数字经济背景下推进成渝地区政务服务一体化发展探析》，《中共乐山市党委学报》2021 年第 3 期，第 85 页。

② 《全力阻击疫情，保障道路通畅》，《浙江法制日报》2022 年 3 月 15 日，第 8 版。

成阻碍。公共数据体量巨大、价值含量高，对于社会治理和产业发展，都蕴藏着巨大的价值，数据安全问题不容忽视。在打造数据要素流转市场的过程中，建立防火墙，保障数据安全，防止数据被滥用和泄露，也是信息现代化过程中不得不面对的巨大挑战。

6. 以创新发展为动力，提升生产效率，驱动公园城市产业转型

公园城市信息现代化发展的核心动力在于创新，朝向智慧化和绿色化的创新是实现公园城市农业高质量发展，新型工业换道超车，服务业均等、高效、增值的密码。但是创新链条发挥作用面临多重挑战。首先，数字基础设施不完备，信息基础能力发展不足。基于丰富的公园城市场景，增强信息现代化能力，需要在市政光纤、基础算力、WiFi热点网络、智能路灯、闭路电视监视器网络等硬件基础设施上加大投入，加快嵌入空中、地面、地下、河道等各层面的传感器网络布设，以及工业规模级别的数据收集体系建设，为信息化驱动"四化同步"提供基础物质条件。其次，数字技术与产业融合程度不足，物联网、大数据、人工智能等新一代信息技术在传统产业链中未得到充分利用，互联网与实体经济融合程度较低。亟须释放数字化生产力与产业发展的放大、叠加、倍增效用，加速优势产业数字化、智慧化、绿色化转型和高质量发展。再次，不同行业数字化基础不同，发展差异明显。例如，农业、工业等传统产业尚处于数字化转型的起步阶段，核心工艺技术尚未找到合适的融合发展方式，相对薄弱的数字基础又难以匹配新一代信息技术落地要求，必须加大创新研发的投入，提高效率和产出。最后，协同创新动力不足，长效激励机制未完善，束缚创新链条持续发挥作用。尽管5G、云计算、人工智能等新一代信息技术持续向各行各业融合渗透，推动产业数字化转型，但目前仅局限于部分企业的点状探索，与实体经济融合发展还停留在部分制造环节或者制造领域，缺乏对融合发展经验的积累与提炼，欠缺覆盖全流程的数字化解决方案，尚未形成可复制、可推广的路径模式。

基于新场景的创新受困于市场规模较小、实施周期不明确、人才短缺等问题,实现融合探索的难度较大,需要以制度革新构建激励机制,推动创新链条持续发挥作用。

(二)公园城市信息现代化建设面临的挑战及其应对

1.创新城市治理机制,打破信息传递限制

将"智慧蓉城"置于公园城市建设的重要位置,以信息现代化建设赋能"智慧蓉城"。在治理机制上,主动谋划符合"智慧蓉城"发展理念的电子政府顶层设计,形成涵盖城市规划、建设、运行、管理全生命周期的城市治理机制;为各部门收集数据制定统一的标准,强调数据的准确性和实效性,为公园城市治理和政策制定者提供重要的政策支撑和现实数据依据;建立数据资源共建共享机制并制定详细的工作机制,保障数据收集和资源利用工作顺利进行;针对线上线下信息不统一的情况,优化管理流程,完善治理系统,提高效率;打通不同智能应用平台的信息渠道,如"天府市民云"和"天府通"等应用,减少重复建设和应用之间信息不对称,提升效率的同时也能提升用户体验。

2.加快新型基础设施建设,为信息现代化提供有力支撑

针对成都市部分乡镇和偏远地区存在的信息化基础设施仍然比较落后的现象,制定合理的顶层规划,科学谋划基础设施建设;针对薄弱环节,如算法等出台专项针对性的政策,加快打造"超算中心+智能计算中心+云计算中心+边缘计算中心"算力支撑体系的步伐[①];各利益相关方在开展新型基础设施建设工作时,要注重协调沟通,对先进的信息技术、智能信息网络和数据等实现共建共治共享;将信息化

---

① 《将未来产业打造为成都新一代支柱产业》,《成都日报》2023年2月1日,第7版。

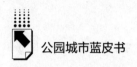

技术融入民生基础设施建设，提升公园城市基础设施转型升级速度，为公园城市信息现代化夯实基础，以新型基础设施为依托，助力实现城市治理的智能升级。

3. 促进产业智能化改造，推动传统产业改造升级

在"制造强市""建圈强链"等行动的基础上，更加深入细化地支持制造业信息现代化改造，在财政可承受范围内，大力支持产业智能化升级，将成都市制造业优势基础与智能化相结合，强化制造业既有优势和市场竞争力，改造传统产业，推动转型升级；通过培育新业态和新模式，转变现代化制造业发展方向，以实体经济应用需求为导向，强调对信息化技术的实际应用，通过开展智能化改造示范应用，推动智能工厂、数字化车间、数字化生产线建设改造，为现代化信息技术提供更多的应用场景和发展空间，促进信息技术的升级发展，增强制造业的核心竞争力。信息现代化和制造业相互融合、相互促进，使两者都得到提升，释放叠加效应。

4. 健全网络安全环境，提升信息安全保障能力

信息安全是信息现代化实现的前提。成都市在推动信息现代化的进程中，需要积极提高城市大脑安全防护能力，为智能神经建立城市屏障。要完善网络信息安全领域的相关法律法规，加大数据安全法、个人信息保护法等已颁布法规的执法力度，提升网络信息安全管理水平。加大对国家信息安全基础设施建设投入，提升能源、交通、金融等重点行业信息系统的安全级别，创新培育形成完全自主研发的信息安全产品和服务。增强互联网企业的使命感和责任感，使之承担起加强网络空间治理和内容建设的责任，共同促进互联网持续健康发展；推动网络安全企业与行业相融合，将安全全方位融入企业运行的全生命周期，研发先进、持续、有效的网络安全专业解决方案。

5. 发挥信息技术积极作用，提升数字社会包容度

提升城市包容度，实现城市包容性转型是公园城市建设的重要目

标之一。"智慧蓉城"的建设必须考虑到学习能力较弱的残疾人和老年人，以及无法第一时间接触各种先进数字化设备的贫困群体，将无障碍服务纳入发展规划，通过信息化手段掌握全市儿童、老年人及残障人士数据，为弱势群体提供帮助，打造全龄友好城市；推进智慧养老服务发展，健全"一院一中心多站点"的居家社区养老服务体系①，为老年人运用智能技术提供帮助。

6. 提高信息开放合作水平，推动区域协同联动发展

成都是国际区域通信的重要枢纽。抓住"一带一路"和区域全面经济伙伴关系协定（RCEP）等重要机遇，通过信息化推动成德眉资同城化发展和成都都市圈建设，推动成渝地区数字经济联动。抓住后疫情时期国际交流和合作逐渐恢复的契机，恢复和加强与海外城市在信息互联互通、信息技术创新和数字经济等重点领域的交流合作，并且加强发挥国际性区域通信枢纽的功能，以市场吸引国外信息化先进技术企业设立区域总项目和研发中心；充分利用成都较强的会展影响力，积极举办信息现代化建设相关会议、论坛，如已经成功举办4届的中国（成都）人工智能产业 CEO 大会等，为成都营造了信息现代化发展的良好氛围，提升了影响力。

---

① 《推进智慧养老服务发展 让老人们舒心长寿》，《成都日报》2021 年 3 月 10日，第 5 版。

B.4
人与自然和谐共生的
新型城镇化

杨智奇

摘 要: 以公园城市建设为依托,坚持以人为本、创新发展、空间协调、社会公平和生态文明的城镇化理念,是破解城市病、实现新型城镇化的有效途径。本报告立足于公园城市发展定位和特色,以系统耦合协调理论为基础,通过收集《成都统计年鉴》和政府工作报告等数据,构建符合成都市新型城镇化建设的指标体系,对成都市的城镇化和生态环境建设展开评估。通过分析 2000~2020年成都市城镇化与生态环境演变过程,揭示成都市城镇化与生态环境相互作用关系,总结成都市新型城镇化建设经验与不足,提出持续优化产业结构、统筹公共服务设施供给、改善城市空气质量和加快空间结构调整等措施,以期为成都市建设人与自然和谐共生的新型城镇化提供参考。

关键词: 新型城镇化 人与自然 和谐共生 耦合协调度 成都

---

* 杨智奇,苏州大学政治与公共管理学院讲师,研究领域为大数据与城市管理。

一 公园城市背景下新型城镇化的界定

（一）城镇化的概念与内涵

1. 城镇化的概念与内涵

（1）城镇化的概念解读

城市化是指从以农业为主的传统乡村社会逐渐转变为以工业和服务业为主的现代城市社会的历史过程。尽管一些学者明确指出，只有当农村人口迁往城市时，才能算完成了城市化，因此建议统一使用"城市化"这一概念，以避免误解。然而，多数学者认为"城市化"和"城镇化"是两个有所区别的概念。[①] 从词义上看，城镇化同时涵盖了"城市"以及"乡镇"两层属性，比城市化的概念更加丰富，在城市化的基础上，城镇化更加突出中小城市和中心镇的地位，更能体现我国的特色。城市化和城镇化强调的重点也不同。此外，城市化一般将城市划分为大、中、小三个层次，而城镇化将城市划分为四个层次，即大、中、小城市和小城镇。基于我国的国情和现有的城乡二元结构，城镇化必然是大中小城市、城镇，以及社会主义新农村同时推进的过程。因此，我国的官方文件中通常使用"城镇化"一词。

一般而言，城镇化指的是由工业化引起的大规模农村人口向城镇迁移以及由此引发的生产和生活方式的转变过程。然而，由于不同学科的研究视角存在差异，对城镇化的解释也有所不同。综合人口学、地理学和经济学等不同学科角度，本报告认为城镇化是指随着社会生

[①] 蔡继明、张胜君、杜帼男：《我国城市化相关概念辨析》，《学习论坛》2016 年第 32（05）期，第 29~33 页。

产力的发展、科学技术的进步以及产业结构的调整，农村人口不断向城镇迁移，第二、三产业不断在城镇集聚，导致城镇数量不断增加、规模不断扩大，产业结构不断向第二、三产业主导转变，城镇人口数量增加，城市社会服务水平提升，生活品质不断提升的过程。

（2）城镇化的主要内涵与特征

城镇化是城镇形成和发展的过程与结果，其核心是产业结构与就业结构的改变，体现为人口由乡村向城镇的转移。城镇化的最终目标是通过合理的产业布局和人口分布实现城乡平衡。① 具体从不同视角来看，首先，人口迁移是城镇化的重要表现，农村剩余劳动力有序向城镇地区迁移，从事第二、三产业的工作，由农业人口转变为城镇人口；其次，产业结构的演进是城镇化的关键，具体表现为第一产业所占比重逐渐减小，第二、三产业特别是服务业所占比重不断增大；最后，城乡一体化是城镇化的最终目标，力求打破城乡二元结构，实现城乡公共服务的均等化，使城乡差距不断缩小，最终实现共同富裕。

传统的城镇化通常以政府为主导，以土地为核心内容，强调以工业发展为主线的快速经济增长。这种粗放的发展方式过分强调工业化发展水平与经济增长速度，消耗了大量的资源与能源，忽视了生态环境的保护，最终引发了一系列城市问题，如生态破坏、环境污染、交通拥堵、住房紧张、资源短缺等，不利于城镇化的高质量发展。随着城镇化的不断推进与社会经济的不断发展，人们对生活品质的要求越来越高，各类"城市病"问题逐渐引起了人们的重视。在此背景下，我国提出了一条具有中国特色的高质量城镇化发展道路，即新型城镇化。

2. 新型城镇化的概念与内涵

改革开放以来，我国的城镇化水平不断提升。2012 年城镇化率

---

① 周丽雯、崔文辉：《城镇化：内涵与特征——理论综述》，《经济研究导刊》2015 年第 3 期，第 167~168 页。

为 52.57%，达到了世界平均水平，截至 2022 年，我国的城镇化率已达到 65.22%。城镇化水平的不断提升推动我国经济快速增长，城镇综合服务能力不断提升，但是城镇化所带来的问题也愈发突出，主要表现为以下几点。

首先是城镇公共服务配套与城乡二元结构之间的矛盾。大量农村人口进入城市后不能完全融入城市社会，教育、医疗、就业、养老及保障性住房等各类公共服务得不到保障，市民化进程滞后。其次是土地城镇化快于人口城镇化，土地利用效率低下。城镇化快速发展阶段，城镇的无序扩张造成了土地资源的浪费与错配问题，大大降低了土地的利用效率，导致城市蓝绿空间不足与耕地破坏，不利于城市居民的生活质量改善，并在一定程度上威胁了国家的粮食安全。再次是城镇的空间分布与资源环境承载能力不匹配。受自然、经济等因素的综合影响，当前我国的城市建设、人口与经济主要集中分布在胡焕庸线以东地区，而中、西部资源环境承载力较强的地区并未得到充分开发，城镇空间分布和规模结构不合理。最后是各类"城市病"问题日益突出。前期城镇化建设过程中过度关注经济发展而忽略了生态环境的保护，导致城镇化发展与生态环境保护的失衡，产生了生态环境破坏、交通拥堵、人口拥挤、极端天气频发等一系列问题，不能满足人们日益增长的对美好生活的追求。

在此背景下，中国走出了一条具有中国特色的新型城镇化发展道路。2003 年，党的十六大明确提出"走中国特色城镇化道路"；2012 年，中央经济工作会议指出"走集约、智能、绿色、低碳的新型城镇化道路"；2013 年，党的十八届三中全会把"中国特色城镇化"和"新型城镇化"有机结合起来，创造性地提出了"坚持走中国特色新型城镇化道路，推进以人为核心的城镇化"；习近平在 2013 年的中央城镇化工作会议中强调，要"推动我国城镇化沿着正确方向发展""正确的方向就是新型城镇化"。中国在城镇化道路上不断进行理论与实践探索，最终形成了以"以人为本、优化布局、生态文明、传承文化"为基本原则的新型城镇化道路，其核心在于不以牺牲农业和粮食、生态和环境为代价，着眼农民，涵盖农村，实现城乡基础设施一体化和公共服务均等化，促进经济社会发展，实现共同富裕。总的来说，新型城镇化是以人为本的城镇化[1]，是以城乡统筹、城乡一体、产业互动、节约集约、生态宜居、和谐发展为基本特征的城镇化，是大中小城市、小城镇，以及新型农村社区协调发展、互促共进的城镇化。

（二）公园城市背景下新型城镇化的突出特征

公园城市是以生态文明思想为引领、以生态价值观为理论基础、以融合发展为内源动力、以增进人民福祉为根本目的的城市发展新范式。[2] 它在整体形态上展现出"人与自然和谐共生"和"人、城、境、业高度融合"的特征。在空间结构上，公园城市呈现"城市中的公园"概念，以绿色、低碳、循环、高效的发展模式为特点。在生活方式上，公园城市追求舒适、智慧、节约、环保的生活。在社会关系上，公园城市注重和谐与幸福的共存。公园城市的发展理念是对中国城市高质量发展理念的诠释与延伸，突出以人为本、创新发展、空间协调、社会公平和生态文明的新型城镇化特征。

1.更加突出以人为本的城镇化

与传统的城镇化模式相比，新型城镇化是以人为核心的城镇化，更加强调以人为本，从根本上转变了传统以土地开发为核心的城镇化观念。新型城镇化更加注重人的城镇化，通过一系列政策保障机制创

---

① 姚士谋、张平宇、余成等：《中国新型城镇化理论与实践问题》，《地理科学》2014年第34（06）期，第641~647页。

② 黄晶晶：《新型城镇化背景下成都市公园城市空间发展模式研究》，《城市建筑》2023年第20（02）期，第201~203页。

新，保障各类公共服务的公平供给，促进农业人口的有序市民化，提升城镇人口的生活品质，使人口真正融入城市。从公园城市的建设理念来看，公园城市以人民的获得感和幸福感作为根本出发点，专注于为人民群众提供更加舒适、便捷和高质量的公共服务及相关产品，以满足人们日常生活的真实需求。

公园城市建设的核心包括①：满足居民的物质生活需求，通过各类公共服务设施的完善与人居环境的改善，为居民营造便捷、舒适的生活环境；满足居民的精神文化需求，深入挖掘传统历史文化资源，通过文化深度赋能，提升公园城市文化内涵，营造健康、富足的文化氛围；促进居民物质生活需求与精神文化需求的高度融合，实现人与自然的和谐共生，提升城市的宜居水平和居民的幸福感与归属感。可以看出，公园城市的建设体现了更加突出以人为本的新型城镇化理念，强调了环境的宜居性和历史文脉的传承，旨在提升人民群众的幸福感、获得感与归属感，满足广大人民群众对美好生活的追求。

2. 更加突出创新发展的城镇化

我国在 2022 年印发的《"十四五"城镇化与城市发展科技创新专项规划》中提出着力提升城镇化与城市发展领域的科技支撑能力，解决城镇化发展面临的困境与挑战，构建中国特色新型城镇化范式，开创城镇化与城市发展领域科技创新工作新局面。在当今信息化飞速发展的时代，科技创新是引领发展的主要推动力，决定着社会发展的速度、效果和可持续性。因此，当前我国新型城镇化的"创新、协调、绿色、开发、共享"发展理念中，将创新置于首位，充分体现了创新发展对于我国新型城镇化的重要意义。对于公园城市的建设来说，公园城市的价值不仅仅体现在城市环境的绿化与美化上，还体现

---

① 贺海霞：《成都市：以人为本 凝聚合力 打造公园城市更新样板》，《城乡建设》2022 年第 8 期，第 48~49 页。

在城市发展模式的创新与创新环境的优化上。公园城市的建设旨在通过优化城市各类资源配置，改善城市环境质量，激发新动能，推动新技术和新业态的发掘，创新消费场景，创造充满创新活力的城市空间，并不断改善居民的生活体验。

公园城市的创新发展主要体现在以下两个方面。首先，通过改善城市环境，打造高质量的公园城市人居环境，推动各类资源高效配置，为创新人才及高端人才提供良好的硬件及软件环境，吸引高层次人才集聚，并通过产业生态圈的规划，加速构建现代化产业体系，不断推动产、城、人之间的协调发展。其次，积极推动"公园+"新经济和新业态的发展，围绕新兴领域及其应用场景，充分利用公园城市的优质绿色生态资源，吸引和培育绿色生态产业体系，将研发设计、创新孵化以及高端服务等业态融入公园体系中去，构建绿色创新产业体系。可以说，公园城市建设是突出了创新发展的新型城镇化，通过创新驱动城市的高质量发展，全面提升城市的竞争力。

3. 更加突出空间协调的城镇化

城镇的空间布局结构是城市社会经济活动在空间上的体现，城市运行效率及可持续发展能力与城市的空间布局息息相关。在中国新型城镇化建设的过程中，优化城镇三生空间布局结构、提高空间组织效率、改善空间功能品质成为以人为本的城镇建设的重点，旨在提高城镇化质量，不断满足经济高质量发展的空间需求，为城镇居民提供多元、开放、便捷、高效、优质的空间环境。

公园城市不是指城市中公园的数量及形态，而是一个将生活、生产、生态空间相互融合的城市巨系统，通过三生空间的布局优化实现自然、社会、经济的协调发展。公园城市的建设注重对各类空间资源、生态环境及社会经济发展要素的综合分析，强调自然生态和人性化的空间场所打造，坚持产城融合、生态宜居、职住平衡等原则，大力推进产业功能区建设，将设计、研发、生产、消费、生活和生态等多种功能融合于一体，促进生产和生活的相互融合，推动城市的发展模式从以产业为中心向以人为中心转变。总体而言，公园城市的建设更加注重公园形态与城市空间的有机融合，强调城市整体布局结构的完善与协调，有利于提高城市运行效率，改善空间品质，是更加突出空间协调的城镇化路径。

4. 更加突出社会公平的城镇化

新型城镇化是以人为本的城镇化，推动基本公共服务的均等化对于促进社会公平正义具有重要意义。在城镇化进程中，高质量、高水平、全面覆盖的公共服务体系不仅是提高居民生活品质的重要保障，同时也是社会公平的显著体现。公园城市作为一种城市发展转型的新模式，以人民为中心，致力于为满足人民对美好生活的向往而服务。

公园城市建设致力于将城市融入公园之中，构建以公园绿地为代表的全覆盖式公共服务设施体系，实现公共服务的均等化发展，有助于推动农业人口的市民化，加强社会群体之间的互动，促进社会网络的构建。同时，公园城市的建设也更加注重推动全龄友好和包容型社会发展，更加关注儿童、老人、残障人群等特殊群体的需求，加快推进儿童友好型社区建设和公共空间的适老化改造，将人文关怀融入城市规划、建设、管理和运营的各个环节，构建开放包容、公平共享的社会保障体系，增进人民福祉。

专栏一　成都：公园城市对儿童更友好，儿童在公园城市更快乐

成都市将儿童友好理念融入践行发展新理念的公园城市建设中，围绕"公园城市对儿童更友好，儿童在公园城市更快乐"主题主线，探索儿童友好城市的建设路径，切实优化儿童的成长环境。

● 推进公共空间建设，着力塑造公园城市儿童友好场景

成都市充分利用生态本底优势，建设与生态本底相融的儿童友好

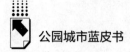

景观,将各类城市公园进行适儿化改造,配备完善的儿童服务设施,建设与公园相融的课外学习活动场所,为儿童提供亲近自然的良好环境;建设儿童友好郊野公园,全方位为儿童提供劳动教育与社会实践场所;结合城市更新,充分利用"金角银边"提升打造适儿化的社区小游园、微绿地,打造儿童友好幸福场景。

●提供良好的公共服务,提升儿童在公园城市的幸福"质感"

成都市在城市公建配套的各类技术导则中明确了儿童友好无障碍相关技术要求,并逐步对各类场所进行适儿化改造;不断完善社区服务儿童设施,推进"蓉易托"社区智慧托育中心试点,与儿童友好单位共同提供特色课外服务项目;从政策保障、服务提升、关心关怀等方面对特殊群体儿童展开保护与救助。切实保障儿童健康成长,不断提升公园城市儿童的幸福"质感"。

●优化社会环境,让儿童参与公园城市治理

成都市致力于让儿童参与到城市治理中去,推动建立人人有责、人人尽责、人人享有的社会治理共同体。每月围绕不同主题打造"蓉城幸福家·儿童友好义集"品牌亲子活动;鼓励社会力量积极参与儿童友好社区建设,提升社区服务质量及专业化水平;开展"红领巾小提案"活动,鼓励儿童大胆表达愿望,参与公园城市治理。

资料来源:成都市发展和改革委员会《公园城市 成都示范㊳|成都:公园城市对儿童更友好 儿童在公园城市更快乐》,成都市发改委官网(cddrc. chengdu. gov. cn),2023 年 1 月 7 日。

5. 更加突出生态文明的城镇化

生态文明建设是关系人民福祉、关乎民族未来的重要方针,是实现社会可持续发展的重要保障。深入推进以人为本的新型城镇化建设,必须毫不动摇地坚持"以人为本、优化布局、生态文明、传承文化"四条基本原则。可以看出，将生态文明理念融入新型城镇化建设，坚持治山、治水、治城一体化推进，科学合理规划城市的三生空间，有利于建设人与自然和谐共生的生态宜居城市，推动城市的可持续发展。

公园城市的建设正是以生态文明理念为引领，尊重自然、顺应自然，以生态视野构建山水林田湖草生命共同体，在城市中布局高品质的绿色空间体系，保障自然资源与城市建设的协调发展。公园城市建设首先要建立资源与自然环境的分析框架，综合考虑城市的资源环境承载力与城镇建设开发的适宜性，确保社会经济发展不会对自然环境系统造成威胁，尊重城市发展规律，通过合理配置各类空间资源来实现自然资源禀赋与城市发展战略的整体协调，促进公园城市的高质量可持续发展，建设人与自然和谐共生的美好家园。

专栏二　雪山下的公园城市：新时代生态文明建设之路

成都市在公园城市建设中，坚定不移地走生态优先、绿色发展之路，锚固生态安全格局，持续开展"五绿润城"行动，加快改善城市生态环境，推动生态价值高效转化，在新时代生态文明建设中留下了"雪山下的公园城市"的绿色印记。

● 厚植本底，大美山水与城市风光相映成趣

深挖生态本底资源，将成都平原东侧的龙泉山与西侧的大熊猫国家公园的山水资源融入城市建设中，城市格局由原来的"两山夹一城"转变为"一山连两翼"，真正将城市置于好山好水好风光的自然本底中去，大美山水与城市风光交相呼应。

通过环城公园及各级绿道建设，串联各类特色生态公园，充分挖掘、释放城市剩余空间潜能，展开"金角银边"场景营造，提升城市人居环境品质，真正实现城市生态之美宜游宜憩、可感可及。

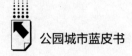

● 保护修复，良好的生态环境成为普惠的民生福祉

坚持改善空气质量，先后出台《成都市大气污染防治条例》、空气质量全面改善行动计划（2021～2025 年）等，全市空气质量显著改善。

稳步推进锦江、岷江、沱江水等河湖水生态修复与治理，紧紧围绕生活、生产、生态用水保障，统筹开展水污染防治、水生态修复与水资源保护"三水共治"，完善治水体系，成都市水生态环境质量得到了明显改善。

加强龙泉山森林公园保护修复，补植阔叶乔木，提升森林质量，构筑长江中上游地区生态屏障，为生物多样性保护提供保障。

推动绿色发展方式，发布《中共成都市委关于以实现碳达峰碳中和目标为引领优化空间产业交通能源结构促进城市绿色低碳发展的决定》，分别从空间、产业、交通、能源等领域优化发展方式，推动成都市的绿色低碳转型发展。

● 转化价值，绿水青山成为发展新优势

成都市充分利用本地生态优势，推动生态价值创造性转化，构建高品质生活圈、高质量产业生态圈，大力发展绿色低碳产业，走出一条推进绿色崛起的生态文明建设之路。

资料来源：李菲菲、杨升涛、黄雪松等《雪山下的公园城市：新时代生态文明建设之路》，《成都日报》2022 年 9 月 19 日。

二 成都市新型城镇化与生态环境
协调发展评估

（一）成都市城镇化发展历程

作为四川省省会城市，成都市已发展成为中国西部地区重要的中心城市、世界美食之都以及首批公园城市示范区。成都市位于中国西南地区、四川盆地西部、成都平原腹地，具有典型的亚热带季风性湿润气候。全市总面积为 1.43 万平方千米；下辖金牛、成华和青羊等 12 个区，简阳、彭州和崇州等 5 个市，以及大邑、浦江和金堂 3 个县。依照国家统计局数据，成都市常住人口从 2000 年的 1110.8 万人增长到 2022 年的 2126.8 万人，20 余年间增加 1016 万人，平均每年增加近 50 万人。2000~2020 年，成都市常住人口城镇化率从 53.72% 增加到 78.77%（见图 1），截至 2022 年末常住人口城镇化率已达到 79.9%，比 2020 年末提高 1.13 个百分点。

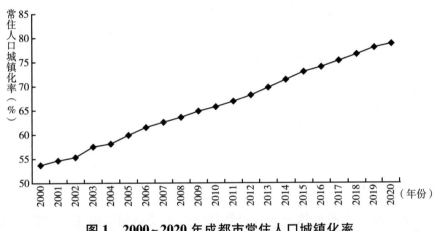

图 1　2000~2020 年成都市常住人口城镇化率

总体来看，自新中国成立以来成都城镇化进程大体经历了以下四个阶段：一是 1953~1976 年的波动发展阶段，表现为工业基础比较薄弱，经济发展和城市建设经历了曲折反复；二是 1977~2002 年的持续稳步发展阶段，第三产业得到迅速增长，城镇人口持续增加，城镇化水平大幅提高；三是 2003~2014 年的快速发展阶段，全球化和网络化快速发展的背景下，以中心城区为核心、中小城市为节点、小城镇为依托的城镇空间格局初步形成，人口城镇化进入快速发展阶段；四是 2015 年至今的增质提效发展阶段，在我国加快推进成渝地区双城经济圈协同发展背景下，公园城市成为引领成都未来发展的全新理念，城市发展进入以提升品质为主的增质提效阶段。

（二）成都市新型城镇化与生态环境协调发展测度方法

建设人与自然和谐共生的现代化是新时代实现中华民族伟大复兴的重大战略；坚持人与自然和谐共生的现代化，尊重自然、顺应自然、保护自然，是全面建设社会主义现代化国家的内在要求。城市是人类活动的重要区域，建设人与自然和谐共生的现代化，必须要把保护城市生态环境放在首位，科学布局和合理规划城市的生产、生活和生态空间，厘清三生空间之间的作用机制与相互关系。将以人为本和生态文明理念融入城镇化建设全过程，走绿色、高效、低碳的新型城镇化道路是实现城镇现代化的有效途径。准确把握成都市新型城镇化发展的演变进程及其科学规律，分析城镇化发展与生态环境的相互作用关系，进而探索城镇化与生态环境的耦合协调程度①，对于推进成都市新型城镇化建设，形成人与自然和谐共生发展新格局具有重要意义。

基于此，本研究依照人与自然和谐共生及新型城镇化建设的内在要求，基于城镇化发展规律、耦合协调理论及人与自然和谐共生理论，通过收集 2000~2020 年成都市城镇化与生态环境建设相关数据，构建城镇化与生态环境综合评价指标体系，分析成都新型城镇化发展的特征和规律，揭示城镇化与生态环境的相互作用关系与耦合协调程度，探寻成都市新型城镇化建设的困境及调整路径，并有针对性地提出政策建议。

---

① 崔木花：《中原城市群 9 市城镇化与生态环境耦合协调关系》，《经济地理》2015 年第 35（07）期，第 72~78 页。

1. 理论基础

（1）城镇化发展规律：诺瑟姆曲线

诺瑟姆曲线是美国地理学家诺瑟姆在 1979 年研究西方国家工业化进程中城镇化率变化趋势时发现的规律——各国城镇化发展轨迹近似一条被拉平的 S 形曲线，这一曲线也被命名为诺瑟姆曲线。[①] 为更加准确描述城镇化发展的过程，有学者采用 Logistic 函数推导出 S 形曲线的数学模型，得出公式：

$$L(t) = \frac{1}{(1 + C\,e^{-mt})}$$

式中 L 表示城镇化水平，t 代表时间；C 和 m 为常数，分别代表城镇化起步的早晚和城镇化发展速度的快慢。

（2）城镇化与经济发展的规律：对数曲线

诺瑟姆表明城镇化水平与经济发展两者间的关系近似一种粗略的线性关系，即随着经济发展，城镇化水平也持续提升。与之不同的是，一些研究表明城镇化水平与经济发展之间呈现典型的对数曲线关系。[②] 在经济发展前期，工业化水平有限，相同的产值增加需要较大的城镇人口比重；而在经济发展后期，工业化水平较高，相同的产值增加需要的城镇人口较少并逐渐趋于稳定，更加突出了城镇化过程的阶段性。具体公式如下：

$$y = a\lg x - b$$

式中 y 代表城镇人口占总人口比重（％），x 为人均 GDP（美元/人）。

上述对数曲线也存在一定局限性，比如城镇人口比重指标并不

[①] 焦秀琦：《世界城市化发展的 S 型曲线》，《城市规划》1987 年第 2 期，第 34~38 页。

[②] 黄金川、方创琳：《城市化与生态环境交互耦合机制与规律性分析》，《地理研究》2003 年第 2 期，第 211~220 页。

能完全反映城镇化发展水平，因此经济增长与城镇化的关系也不能完全体现在曲线上；还有，当经济增长到某一阶段时其发展更多是依赖劳动力素质的提高而非数量的增加。当然，从对数曲线可以看出，城镇人口增长符合种群阻滞增长规律，生态环境对城镇化具有阻滞作用。

（3）生态环境与经济发展的规律：环境库兹涅茨倒U形曲线

库兹涅茨曲线是在1955年由美国经济学家西蒙·史密斯·库兹涅茨提出的，旨在揭示收入分配不平等问题与经济发展之间的关系。1991年美国经济学家格鲁斯曼和克鲁格在研究经济发展对环境的影响时也发现了类似的关系，即随着人均GDP的增加，污染排放呈现先增加再减少的趋势。1993年潘纳约托将库兹涅茨曲线引用到描述人均收入与环境污染关系中，称为环境库兹涅茨曲线（EKC）。

随着研究的不断深入，关于EKC现象的机理诠释和理论解释逐步得到了重视。不同学者根据自身专业知识从不同角度进行了分析和探讨，认为在收入提高的过程中，随着产业结构向合理化和高级化转变、环保要求提高、清洁技术应用以及市场机制作用等，污染会逐渐减轻，而环境质量则会逐步改善[①]。EKC正是这一发展过程的反映，其数学表达式为：

$$Z = m - n (x - p)^2$$

式中Z表示生态环境恶化程度；x代表人均国民生产总值；m为大于0的环境阈值。

在实际研究中，由于使用的样本数据、计算方法及研究区域的不同，许多实证结论显示环境污染与经济发展间的关系不单是倒U形曲线一种，也可能存在U形关系、倒N形曲线和同步关系等其他关

---

① 陈华文、刘康兵：《经济增长与环境质量：关于环境库兹涅茨曲线的经验分析》，《复旦学报》（社会科学版）2004年第2期，第87~94页。

系。还有部分学者甚至认为两者之间不存在关系。可以说 EKC 对于研究城镇化与生态环境之间的关系具有重大意义，其多种曲线模式表达公式如下：

$$Z = u + \beta_1 x + \beta_2 x^2 + \beta_3 x^3$$

曲线特征由变量β_1、β_2和β_3的系数值确定，基于β取值确定曲线类型。

（4）系统耦合协调理论

耦合，最初是物理学中的概念，主要指两个及以上的体系或运动形式通过各种相互作用而彼此影响的现象。这一概念经过一系列的发展由地理学者引用到地理领域，多用于描述城市系统与生态环境系统间的关系。城市与生态环境两个系统通过各自要素和因子产生相互作用、彼此影响的现象也可以理解为典型的耦合现象。我国学者黄金川和方创琳基于耦合概念，对 EKC 与对数曲线进行数学推导，发现城镇化与生态环境之间的耦合曲线是两个曲线的逻辑复合。其耦合函数如下：

$$Z = m - a \left[10^{(y+b)/a} - p \right]^2$$

式中 Z 代表生态环境指标，y 指城镇化水平，a、b 和 p 表示非负参数。

2. 研究方法

（1）评价指标选取

评价指标的选取、指标体系的构建对于评价和分析城镇化与生态环境之间的耦合协调关系至关重要。指标数量对分析城镇化与生态环境之间的关系产生影响——过少会使指标体系缺乏代表性，无法全面反映所表达的内容；过多可能会造成指标的冗余，对结果产生干扰。

在前人研究的基础上，结合相关资料及文献整理，确定指标选取的四大原则，包括数据的可获取性原则、整体性原则、针对性原则和

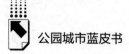

以人为本等原则，以期能够真实、客观和合理地反映成都市新型城镇化和生态环境的演变过程，明晰成都市新型城镇化和生态环境发展面临的问题。

结合以上原则，综合成都市的实际情况以及数据的可得性与可靠性，构建成都市生态环境综合评价指标体系如表1所示。具体分为四大一级指标和14项二级指标，分别以森林覆盖率、人均公园绿地面积和人均耕地等表征生态资源情况，以空气质量、道路交通噪声污染、PM2.5浓度等表征环境质量，以废水和废气排放总量、固废产生量、生活垃圾处理等表征生态胁迫，以单位GDP能源消耗量、人均日生活用水总量和固体废弃物综合利用率表征资源利用情况。

表1　成都市生态环境综合评价指标体系

一级指标	权重	二级指标	权重
生态资源	0.113	森林覆盖率(%)+	0.0018
		人均公园绿地面积(km^2)+	0.0852
		人均耕地面积(km^2)+	0.026
环境质量	0.2835	空气质量达到及好于二级的天数(天数)+	0.0062
		道路交通噪声平均等级(dB)-	0.035
		PM2.5浓度(mg/m^3)-	0.0003
		空气中二氧化硫含量(mg/m^3)-	0.242
生态胁迫	0.4101	废水排放总量(t)-	0.062
		废气排放总量(t)-	0.1021
		固废产生量(t)-	0.186
		生活垃圾无害化处理率(%)+	0.06
资源利用	0.1934	单位GDP能源消耗量(t标准煤/万元)-	0.143
		人均日生活用水总量(升)-	0.042
		固体废弃物综合利用率(%)+	0.0084

结合以上原则，综合成都市的实际情况以及数据的可得性与可靠性，构建成都市城镇化综合评价指标体系如表2所示。具体分为四大一级指标和16项二级指标，分别以城镇常住人口数量、常住人口城

镇化率及第二和第三产业从业人员数量等表征人口城镇化水平，以人均 GDP、工业增加值及第二和第三产业增加值占 GDP 的比重等表征经济城镇化水平，以建成区面积、城市建设用地面积、工业用地面积和耕地面积等表征空间城镇化水平，以人均可支配收入、社会消费品零售总额、万人拥有医院和卫生院床位数、普通中学专任教师数表征社会城镇化水平。

表 2　成都市城镇化综合评价指标体系

一级指标	权重	二级指标	权重
人口城镇化	0.2103	城镇常住人口数量(万人)+	0.062
		常住人口城镇化率(%)+	0.065
		第二产业从业人员数量(万人)+	0.0212
		第三产业从业人员数量(万人)+	0.0621
经济城镇化	0.3145	人均 GDP(元)+	0.0872
		工业增加值(万元)+	0.0949
		第二产业增加值占 GDP 比重(%)+	0.0338
		第三产业增加值占 GDP 比重(%)+	0.0986
空间城镇化	0.2659	建成区面积(km^2)+	0.0523
		城市建设用地面积(km^2)+	0.0767
		工业用地面积(km^2)+	0.0893
		耕地面积(km^2)−	0.0476
社会城镇化	0.2093	人均可支配收入(元)+	0.0974
		社会消费品零售总额(亿元)+	0.0478
		万人拥有医院、卫生院床位数(张)+	0.0376
		普通中学专任教师数(万人)+	0.0265

（2）指标权重确定

为避免人为主观因素影响指标体系评价结果，本研究采用熵值法确定成都市城镇化与生态环境综合评价指标体系的权重，以确保评价的客观性与准确性。第一步利用极值法对数据进行无量纲化和标准化处理，第二步分别计算各个指标的熵值和冗余度，最后在此基础上计

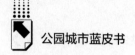

算各项指标的权重,具体如下。

a)数据的标准化处理:

由于不同的指标具有不同的单位和量纲,因此需要对数据进行标准化处理。设年份为 m 个,指标为 n 个,则 x_{ik} 代表第 i 个年份的第 k 个指标值。

正向指标:

$$x'_{ik} = \frac{(x_{ik} - x_{k\min})}{(x_{k\max} - x_{k\min})}$$

负向指标:

$$x'_{ik} = \frac{(x_{k\max} - x_{ik})}{(x_{k\max} - x_{k\min})}$$

其中 x'_{ik} 是指第 i 个年份第 k 个指标的标准化值, $x_{k\max}$ 表示第 k 个指标的最大值, $x_{k\min}$ 表示第 k 个指标的最小值。

b)指标权重的确定:

$$P_{ik} = \frac{x'_{ik}}{\sum_{i=1}^{m} x'_{ik}}$$

其中 P_{ik} 是第 i 个年份第 k 个指标的权重。

c)第 k 个指标的熵值:

$$E_k = -n \sum_{i=1}^{m} \ln(P_{ik})$$

其中 $n>0$, $n=1/\ln(m)$, $E_k \geqslant 0$。

d)第 k 个指标的冗余度:

$$D_k = 1 - E_k$$

冗余度 D_k 值越大,这个指标在综合评价指标体系中越重要。

e）各项二级指标的权重：

$$W_k = \frac{D_k}{\sum_{k=1}^{n} D_k}$$

f）综合评价值：

$$R_i = \sum_{k=1}^{n} W_k x'_{ik}$$

其中R_i为第i年的综合评价值。

（3）综合水平指数模型构建

基于构建的城镇化与生态环境综合评价指标体系，借鉴已有的研究成果[1]，城镇化$f(U)$和生态环境$g(E)$的综合水平指数的计算方法如下：

$$f(U) = \sum_{i=1}^{n} W_i x'_i$$
$$g(E) = \sum_{i=1}^{n} W_i y'_i$$

式中：$f(U)$表示成都市城镇化发展综合水平指数，$g(E)$代表成都市生态环境综合水平指数；x'_i表示城镇化指标体系中第i个指标的标准化值；y'_i则代表生态环境指标体系中第i个指标的标准化值；W_i为城镇化或生态环境指标体系中第i个指标的权重。

城镇化与生态环境系统综合评价指数计算公式如下：

$$T = \alpha f(U) + \beta g(E)$$
$$0 \leqslant T \leqslant 1$$

式中：T为城镇化与生态环境系统综合评价指数；α、β分别为城镇

---

[1] 冯雨雪、李广东：《青藏高原城镇化与生态环境交互影响关系分析》，《地理学报》2020年第75（07）期，第1386~1405页。

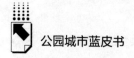

化与生态环境的贡献份额。

（4）耦合协调模型构建

城镇化与生态环境之间存在着复杂的交互耦合关系，在不同的发展阶段，城镇化与生态环境耦合关系也有不同表现形式，或协同进步、或相互制约，耦合协调模型可定量揭示城镇化与生态环境系统间的耦合协调关系，并判定双方协调发展类型。

A. 耦合度模型：基于数学离差原理及物理学中的容量耦合系数模型分析，要使城镇化与生态环境之间耦合度越高，则城镇化 $f(U)$ 和生态环境 $g(E)$ 的综合指数水平之间的离差系数就要越小。因此，城镇化与生态环境系统之间相互作用的耦合度模型确定如下：

$$C = \left\{ \frac{f(U) \times g(E)}{[(f(U) + g(E))/2]^2} \right\}^k$$
$$k \geq 2$$

式中：C 为耦合度，其值大小表示系统间耦合程度的高低；k 为调节系数，由于本研究涉及两个系统，因此取值为2。

耦合度数值的计算结果取值范围为 $[0,1]$，C 取值越小，系统越表现为无序发展状态；C 取值越大，系统之间则越协调，当 C 取值为1时，耦合度最大，协调程度最高（见表3）。

表3　城镇化与生态环境发展关系阶段性特征

C 取值区间	耦合度	发展特点
$C=0$	耦合度为0	系统走向无序发展
$0<C\leq0.3$	耦合度极低	生态环境破坏较小,可以承载城镇化发展
$0.3<C\leq0.5$	拮抗时期	生态环境逐渐被破坏,承载力变小
$0.5<C\leq0.8$	耦合时期	城镇化发展,修复生态环境,进入良性耦合阶段
$0.8<C\leq1.0$	耦合度极高	系统走向有序发展

B. 耦合协调度模型：耦合度 C 能较好地反映城镇化系统与生态环境系统间的协调程度，但是有时不能反映系统间的协调发展水平。因此，系统间协调发展水平便需要通过构建协调发展模型来度量：

$$D = \sqrt{C \times T}$$
$$0 \leqslant D \leqslant 1$$

式中：D 为耦合协调度，其值的大小代表系统间耦合协调发展程度的高低。

借鉴国内外相关研究成果，本研究将协调度划分为 6 个类型（见表 4）。

表 4　耦合协调度类型划分标准

项目	D 取值区间	类型	$f(U)$ 和 $g(E)$ 的关系	协调发展类型
协调发展类	$0.9 < D \leqslant 1$	优质协调发展类	$f(U) > g(E)$	优质协调发展类环境滞后型
			$f(U) = g(E)$	优质协调发展类同步型
			$f(U) < g(E)$	优质协调发展类城镇化滞后型
	$0.8 < D \leqslant 0.9$	良好协调发展类	$f(U) > g(E)$	良好协调发展类环境滞后型
			$f(U) = g(E)$	良好协调发展类同步型
			$f(U) < g(E)$	良好协调发展类城镇化滞后型
	$0.65 < D \leqslant 0.8$	中度协调发展类	$f(U) > g(E)$	中度协调发展类环境滞后型
			$f(U) = g(E)$	中度协调发展类同步型
			$f(U) < g(E)$	中度协调发展类城镇化滞后型
过渡类	$0.45 < D \leqslant 0.65$	基本协调发展类	$f(U) > g(E)$	基本协调发展类环境滞后型
			$f(U) = g(E)$	基本协调发展类同步型
			$f(U) < g(E)$	基本协调发展类城镇化滞后型
	$0.25 < D \leqslant 0.45$	中度失调发展类	$f(U) > g(E)$	中度失调发展类环境滞后型
			$f(U) = g(E)$	中度失调发展类同步型
			$f(U) < g(E)$	中度失调发展类城镇化滞后型
	$0 \leqslant D \leqslant 0.25$	严重失调发展类	$f(U) > g(E)$	严重失调发展类环境滞后型
			$f(U) = g(E)$	严重失调发展类同步型
			$f(U) < g(E)$	严重失调发展类城镇化滞后型

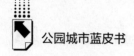

3.研究数据

本研究收集 2000~2020 年成都市相关的统计年鉴、工作报告及其他相关材料等作为本文的研究数据，主要包括《四川统计年鉴》、《中国环境统计年鉴》、《成都统计年鉴》，以及《中国统计年鉴》等。

（三）成都市新型城镇化与生态环境协调发展测度结果

1.成都市新型城镇化与生态环境演变分析

从城镇化系统准则层的权重来看，经济城镇化子系统最大，其后依次为空间城镇化子系统、人口城镇化子系统和社会城镇化子系统。说明经济发展是评价城镇化发展综合水平的重要因素，其后是代表支撑城镇化发展的可用空间和潜力的空间城镇化子系统，而社会城镇化子系统的重要性相对较小。可以看出，城镇化各子系统的权重比较符合预期和实际感受。

图 2 展示了 2000~2020 年成都市城镇化综合水平及各子系统发展水平。可以看出，整体上成都市城镇化综合发展及各子系统发展一直保持着稳定的增速，初期，经济城镇化在城镇化发展中起着主导作用，而人口城镇化和社会城镇化发展水平相对较低；2002~2010 年，城市经历了大范围的扩张，空间城镇化在城镇化发展中起着主导作用；2010 年以后，随着城市扩张减缓，经济城镇化重新占据主导作用，同时人口城镇化和社会城镇化发展水平也有大幅度的提升。

四个生态环境子系统的权重排序由大到小依次为生态胁迫、环境质量、资源利用和生态资源。各子系统的权重设定也比较符合预期，生态胁迫和环境质量是衡量生态环境质量最为重要的标准，对生态环境的影响非常明显。生态资源和资源利用对生态环境状况综合评价的影响相对较小，更多体现的是资源禀赋和利用效率。

图 3 展示了 2000~2020 年成都市生态环境综合水平及各子系统发展水平。整体来看，生态环境综合水平呈现一定时期的倒 U

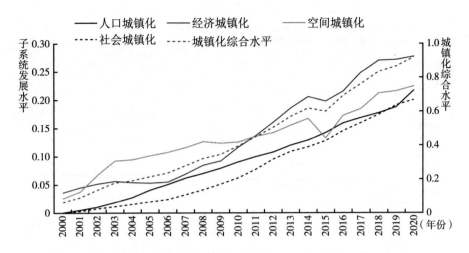

图 2 2000~2020 年成都市城镇化综合水平及各子系统发展水平

形趋势，生态胁迫和环境质量也表现出较大幅度的波动，呈现一定时期的倒 U 形发展趋势；而生态资源和资源利用呈现较为稳定的上升趋势。具体来看，2000~2002 年，生态胁迫和资源利用都保持上升的趋势，因此生态环境综合水平呈上升趋势；2003~2007年，由于生态胁迫和环境质量呈下行趋势，生态环境综合水平也出现明显的下降；2008 年及之后，除了小幅度的波动之外，生态环境综合水平整体呈现上升趋势，表明成都市生态环境质量整体在向好的方向发展。

2. 成都市新型城镇化与生态环境相互作用关系分析

（1）成都市新型城镇化与生态环境的 Pearson 相关性分析

为进一步分析生态环境变化与城镇化发展的关系，筛选两者中典型的指标进行以下分析。选取人均 GDP、常住人口城镇化率和建成区面积三个变量作为城镇化指标，分别表征成都市的经济城镇化发展水平、人口城镇化发展水平和空间城镇化发展水平；选取空气质量达到及好于二级的天数和 PM2.5 浓度两个变量作为环境质量指标，分

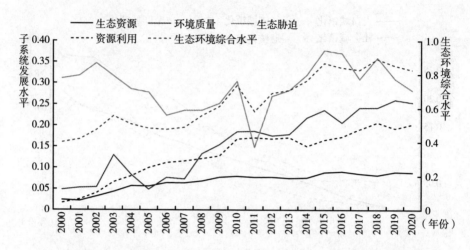

图3 2000~2020年成都市生态环境综合水平及各子系统发展水平

别代表成都市的环境空气质量状况和空气污染状况；选取废水排放总量和废气排放总量作为污染排放指标，代表成都市的环境污染状况；选取单位GDP能源消耗量和人均日生活用水总量表征成都市的能源与资源利用状况。

a）环境质量与城镇化关系。环境质量指标与城镇化之间呈现显著的相关关系。具体而言，空气质量达到及好于二级的天数和PM2.5浓度与人口城镇化发展水平、经济城镇化发展水平及空间城镇化发展水平均呈现显著的负相关关系；其中PM2.5浓度与建成区面积的相关系数最大，为-0.809，这表明成都市空间城镇化的发展在一定程度上促进PM2.5浓度的降低。与之相反的是，空气质量达到及好于二级的天数与常住人口城镇化率、人均GDP和建成区面积呈现显著的负相关关系，表明成都市人口城镇化、经济城镇化和空间城镇化的发展在一定程度上影响了城市空气质量，导致空气质量达到及好于二级的天数在减少。

b）污染排放与城镇化关系。总体上，污染排放与城镇化发展存在显著关系。具体来说，废水排放总量与城镇化发展水平呈现显著的负相关关系，相关性从大到小依次是，与人口城镇化、与经济城镇化系数、与空间城镇化，这表明成都市城镇化进程有利于工业废水的减排，而人口城镇化贡献最大。相反，工业废气排放总量与城镇化发展水平呈现显著的正相关关系，其中贡献最大的为经济城镇化，系数为0.820。

c）能源与资源利用与城镇化关系。随着城镇化进程的推进，新的技术和手段的不断革新，单位GDP能源消耗量在不断降低，与城镇化发展水平呈现显著的负相关关系，与人口城镇化发展水平相关性最大，与空间城镇化发展水平相关性最小。相反，城镇化进程的推进并没有影响人们的生活习惯和用水方式，因此与人均日生活用水总量并没有呈现显著的相关关系（见表5）。

表5　城镇化与生态环境的Pearson相关性分析

生态环境指标	系数	常住人口城镇化率	人均GDP	建成区面积
空气质量达到及好于二级的天数	相关系数	−0.614**	−0.606**	−0.516*
	p值	0.003	0.004	0.017
PM2.5浓度	相关系数	−0.717**	−0.704**	−0.809**
	p值	0	0	0
废水排放总量	相关系数	−0.936**	−0.935**	−0.819**
	p值	0	0	0
废气排放总量	相关系数	0.804**	0.820**	0.789**
	p值	0	0	0
单位GDP能源消耗量	相关系数	−0.962**	−0.941**	−0.855**
	p值	0	0	0
人均日生活用水总量	相关系数	0.039	0.078	−0.054
	p值	0.868	0.738	0.816

注：*代表p<0.05，**代表p<0.01。

（2）基于EKC的新型城镇化对生态环境的影响分析

为了研究城市发展中除了经济变量之外的其他要素对生态环境

的作用关系，进一步拓展 EKC 理论实践，本文分别从经济城镇化、人口城镇化和空间城镇化三个角度出发，探讨城镇化进程与生态环境变化之间的关系，以期获得更为全面的影响规律认识。在这一部分，依旧选取人均 GDP、常住人口城镇化率和建成区面积三个变量作为城镇化指标，分别表征成都市的经济城镇化发展水平、人口城镇化发展水平和空间城镇化发展水平；选取空气质量达到及好于二级的天数和 PM2.5 浓度两个变量作为环境质量指标，分别代表成都市的环境空气质量状况和空气污染状况；选取废水排放总量和废气排放总量作为污染排放指标，代表成都市的环境污染状况；选取单位 GDP 能源消耗量和人均日生活用水总量表征成都市的能源与资源利用状况。

EKC 通常可以用线性函数、二次多项式、三次多项式和指数函数等函数模型来描述，这种差异可以从宏观上用环境与经济社会发展的阶段及其协调状态的差异来解释。如前文所述，本报告将基于 EKC 模型，运用 SPSS 和 Excel 软件，以城镇化水平指标为自变量（X），生态环境指标为因变量（Y），建立城镇化与生态环境的函数关系模型。为了使分析更加全面与客观，选用二次函数、三次函数、指数函数、乘幂函数等多种函数形式进行回归模拟，根据曲线相关系数和模型检验参数，在各个函数模型中选择最佳的拟合方程。

根据成都市城镇化和生态环境相关指标的数据，分别建立各生态环境指标与人均 GDP、常住人口城镇化率和建成区面积的曲线模型，各种函数拟合曲线的相关系数（R^2）和检验值（F）分别如表6、表7、表8所示。可以看出，生态环境指标与城镇化指标大多以三次函数或二次函数拟合曲线的相关系数最大，且 F 检验值显示这些指标的回归方程总体上是显著的，模型具有充分的解释意义。因此，本文选用三次函数作为人口城镇化、经济城镇化、空间城镇化与生态环境各指标的回归曲线和拟合模型。

表 6　人均 GDP 与生态环境指标各种函数拟合曲线的
相关系数（R^2）和检验值（F）

变量	参数	线性函数	二次函数	三次函数	对数函数	指数函数
空气质量达到及好于二级的天数	R^2	0.334	0.369	0.563	0.351	0.26
	F	11	6.848	9.596	11.836	8.011
PM2.5 浓度	R^2	0.469	0.56	0.754	0.377	0.505
	F	18.67	13.716	21.4	13.1	21.4
废水排放总量	R^2	0.869	0.959	0.957	0.942	0.919
	F	133.176	232.022	148	325.98	227.3
废气排放总量	R^2	0.655	0.659	0.767	0.594	0.728
	F	39.052	20.316	22.9	30.244	54.412
GDP 能源消耗量	R^2	0.88	0.97	0.977	0.979	0.957
	F	147.546	329.148	284.126	915.873	446.743
人均日生活用水总量	R^2	−0.046	−0.052	0.443	−0.048	−0.05
	F	0.115	0.504	6.306	0.081	0.049

表 7　常住人口城镇化率与生态环境指标各种函数拟合曲线的
相关系数（R^2）和检验值（F）

变量	参数	线性函数	二次函数	三次函数	对数函数	指数函数
空气质量达到及好于二级的天数	R^2	0.345	0.327	0.504	0.351	0.264
	F	11.512	5.868	7.78	11.801	8.165
PM2.5 浓度	R^2	0.488	0.56	0.741	0.465	0.508
	F	20.088	13.743	20.052	18.393	21.68
废水排放总量	R^2	0.869	0.896	0.936	0.884	0.894
	F	134.102	87.201	98.517	152.892	170.515
废气排放总量	R^2	0.628	0.629	0.694	0.615	0.734
	F	34.777	17.983	16.122	32.96	56.118
GDP 能源消耗量	R^2	0.921	0.974	0.975	0.942	0.96
	F	234.688	372.279	262.338	328.24	475.311
人均日生活用水总量	R^2	−0.051	−0.108	0.413	−0.051	−0.052
	F	0.028	0.023	5.699	0.023	0.003

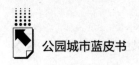

表8 建成区面积与生态环境指标各种函数拟合曲线的
相关系数（R^2）和检验值（F）

变量	参数	线性函数	二次函数	三次函数	对数函数	指数函数
空气质量达到及好于二级的天数	R^2	0.227	0.37	0.546	0.288	0.15
	F	6.884	6.873	9.032	9.091	4.522
PM2.5浓度	R^2	0.637	0.665	0.753	0.556	0.666
	F	36.074	20.893	21.308	26.014	40.922
废水排放总量	R^2	0.653	0.783	0.799	0.736	0.734
	F	38.566	36.996	27.516	56.838	56.328
废气排放总量	R^2	0.603	0.581	0.66	0.58	0.612
	F	31.316	14.87	13.932	28.565	32.6
GDP能源消耗量	R^2	0.717	0.91	0.906	0.842	0.813
	F	51.615	101.707	64.936	107.218	88.177
人均日生活用水总量	R^2	−0.05	−0.074	0.473	−0.05	−0.046
	F	0.056	0.309	6.989	0.052	0.125

　　总体上，人口城镇化、经济城镇化和空间城镇化对生态环境的影响大致相同。从曲线拟合度来看，城镇化水平与生态环境指标的曲线拟合度均较高，拟合关系包括N形、倒N形和U形等。具体来说，常住人口城镇化率与生态环境各指标的拟合度排序由高到低分别是单位GDP能源消耗量（0.9789）、废水排放总量（0.9456）、PM2.5浓度（0.7797）、废气排放总量（0.7399）、空气质量达到及好于二级的天数（0.5786）和人均日生活用水总量（0.5014）（见图4）；这表明当前人口城镇化的发展与能源使用紧密相关，而新技术的使用以及新产业的诞生有效提高了能源的利用效率。除此之外，随着人们对空气质量的逐渐重视和空气污染治理的加强，PM2.5浓度逐年下降，空气质量达到及好于二级的天数也逐渐由降低转为升高。

　　经济城镇化与生态环境各指标的拟合度排序与人口城镇化基本一致，整体拟合结果有小幅度提升，从高到低依次为单位GDP能源消耗

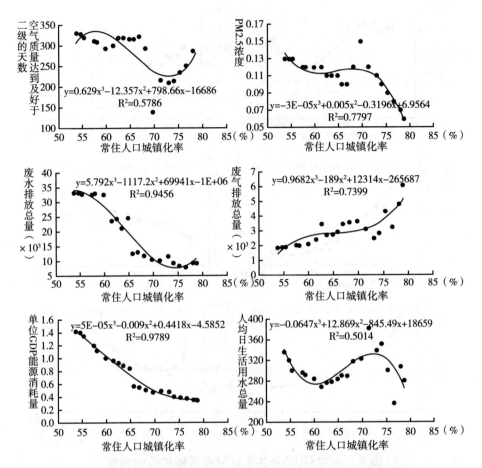

图4 常住人口城镇化率与生态环境各指标的拟合曲线

量（0.9804）、废水排放总量（0.9631）、废气排放总量（0.8017）、PM2.5浓度（0.7906）、空气质量达到及好于二级的天数（0.6287）和人均日生活用水总量（0.5267）（见图5）；这表明经济城镇化与生态环境各指标联系更加密切，经济的发展更加离不开能源使用，各指标拟合曲线与人口城镇化趋势相同。

空间城镇化与生态环境各指标的拟合度排序与前两者基本一致，拟合关系包括N形、倒N形和U形等，从高到低依次为单位GDP能

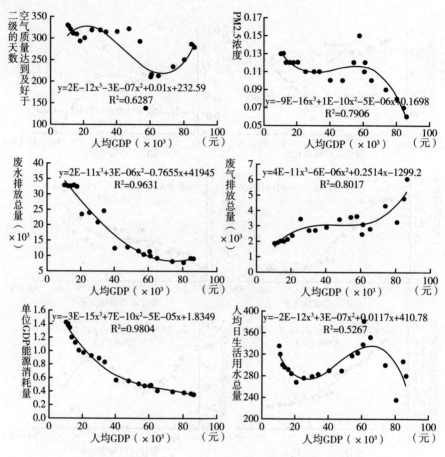

图5 人均GDP与生态环境各指标的拟合曲线

源消耗量（0.9197）、废水排放总量（0.8292）、PM2.5浓度（0.7899）、废气排放总量（0.7109）、空气质量达到及好于二级的天数（0.6145）和人均日生活用水总量（0.5522）（见图6）。与人口城镇化和经济城镇化相比，空间城镇化和单位GDP能源消耗量及废水排放总量的拟合结果较低，表明空间城镇化的发展不如人口城镇化、经济城镇化对能源使用的依赖程度高；但各指标拟合曲线趋势与前两者基本保持一致，表明人口城镇化、经济城镇化与空间城镇化对于生态环境的影响程度基本一致。

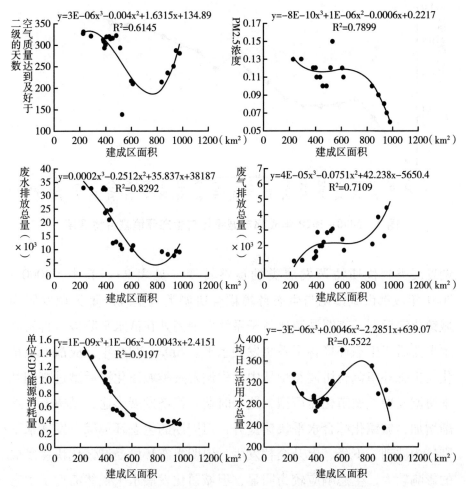

图 6　建成区面积与生态环境各指标的拟合曲线

3. 成都市新型城镇化与生态环境耦合协调发展分析

2000~2020 年成都市城镇化与生态环境耦合协调度如图 7 所示，耦合协调度整体呈现上升趋势，其中 2003~2006 年出现短暂的下降趋势，2007~2010 年快速上升，2011 年及以后开始低速稳步上升。

具体来看，成都市城镇化与生态环境耦合协调类型经历了严重失

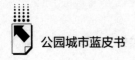
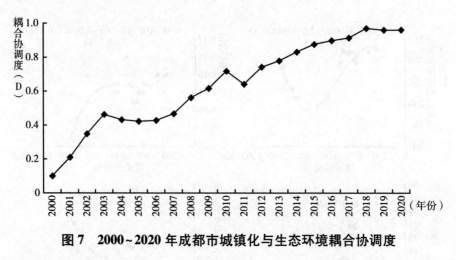

图7 2000~2020年成都市城镇化与生态环境耦合协调度

调发展类到优质协调发展类的良性转变（见表9）。其中，2000~2001年成都市城镇化与生态环境耦合协调类型呈现严重失调发展类城镇化滞后型，表明城镇化各子系统发展尚处在低水平阶段，且发展水平滞后于生态环境各子系统发展水平。2002~2009年，成都市城镇化与生态环境耦合协调类型从中度失调发展类城镇化滞后型过渡到基本协调发展类城镇化滞后型，这一时期，经济发展迅速，城镇人口逐渐增加，城镇化综合水平快速提升，但同期的生态环境综合发展水平则较为波动，下降、上升交替发生，说明生态环境受城镇化快速发展的影响较大，生态响应较为明显，但城镇化发展水平依然滞后于生态环境综合发展水平。2009~2013年，耦合协调度持续提升，协调类型从基本协调发展类逐步过渡到中度协调发展类。这一阶段，城镇化综合水平呈线性上升，生态环境综合水平稳步提高。2013~2016年，耦合协调度稳步提升，协调类型从中度协调发展类逐步过渡到良好协调发展类，但城镇化发展水平依然滞后于生态环境综合发展水平。2016年以后，耦合协调度提升速率变缓，成都市城镇化与生态环境耦合协调提升从良好协调发展类过渡到优质协调发展类，2019年，城镇化发展水平首次超过了生态环境综合发展水平。

表9　2000~2020年成都市城镇化与生态环境耦合协调类型划分

年份	耦合协调度类型	年份	耦合协调度类型
2000	严重失调发展类城镇化滞后型	2011	中度协调发展类城镇化滞后型
2001	严重失调发展类城镇化滞后型	2012	中度协调发展类城镇化滞后型
2002	中度失调发展类城镇化滞后型	2013	中度协调发展类城镇化滞后型
2003	基本协调发展类城镇化滞后型	2014	良好协调发展类城镇化滞后型
2004	基本协调发展类城镇化滞后型	2015	良好协调发展类城镇化滞后型
2005	基本协调发展类城镇化滞后型	2016	良好协调发展类城镇化滞后型
2006	基本协调发展类城镇化滞后型	2017	优质协调发展类城镇化滞后型
2007	基本协调发展类城镇化滞后型	2018	优质协调发展类城镇化滞后型
2008	基本协调发展类城镇化滞后型	2019	优质协调发展类环境滞后型
2009	基本协调发展类城镇化滞后型	2020	优质协调发展类环境滞后型
2010	中度协调发展类城镇化滞后型	—	—

三　成都市新型城镇化建设面临的挑战与困难

过去20年期间，成都市在城镇化发展和生态环境保护方面取得了显著的效果；尽管生态环境存在一定的波动，但整体上城镇化与生态环境呈现同步上升的趋势，并最终达到了优质协调发展类型。城市高质量发展、公园城市建设以及人与自然和谐共生的城镇化的提出，对成都市城镇化的发展提出了更高的要求。在改善空气质量、降低工业固废排放强度、大力发展绿色低碳产业、优化城市空间布局和提升社会公共服务等方面成都仍需进一步加强。

（一）城市产业结构仍需进一步优化

近年来，成都一直在积极推动城市经济和城镇化的发展。这一努力使城市人均GDP以及第二产业和第三产业增加值在GDP中的占比都有显著提升。根据本文收集的数据计算，到 2020 年，第二产业和第三产业增加值已经占据 GDP 的 97.1%，其中第二产业占比为 30.7%，第三产业占比为 66.4%。然而，作为公园城市示范区，成都在实现碳达峰的更高目标要求下，仍面临着产业结构改进的巨大空间。成都市石油、煤炭、化工、金属冶炼、电力等高能耗产业在工业内部占比较高，且能源消耗量在近年来呈持续增加态势，从 2011 年的 1024.90 万吨标准煤增加至 2019 年的 1386.07 万吨标准煤，占工业能源消费总量的比例从 70% 增至 78%。高耗能产业的能源消耗和碳排放在工业总体中的占比过高是成都市在公园城市建设中所面临的关键问题。要想实现经济发展的绿色低碳转型，必须进一步减少碳排放，对成都市的产业结构进行进一步优化和调整。

（二）公共服务设施仍需进一步完善

通过对成都市城镇化发展历程的分析可以看出，成都市的社会城镇化水平低于经济城镇化、人口城镇化与空间城镇化水平，基于各类公共服务设施的社会城镇化水平有进一步提升的空间。从对当前成都市各类公共服务设施的配置分析可以看出，当前，因为优质公共服务资源过度集中，成都中心城区、二圈层公共服务供需压力较大，外围郊区县（市）基础公共服务资源供给过剩而优质资源不足。单中心圈层式拓展模式，使全市优质公共服务设施在中心城区高度集聚，譬如中心城区集中了全市超过 50% 的三甲医院和省级重点中小学。二圈层作为曾经全市人口增长最快、新增流动人口最多的区域，公共服务设施建设与人口增长速度不够匹配，导致公共服务资源供需压力较大，人均公共服务水平普遍低于中心城区和郊区县（市）。外围郊区县（市）人口总量相对稳定，基本公共服务设施不断完善，但优质公共服务资源相对缺乏的老问题仍未有效解决。因此，进一步完善成都市的公共服务设施，有利于促进社会公平与稳定，对于提升成都市的社会城镇化水平具有重要意义。

（三）生态环境有待进一步改善

通过对成都市生态环境的发展历程分析可以看出，近年来，成都市生态胁迫指数及生态环境质量具有较为明显的下降趋势，各类污染的防治有待进一步加强。作为成都空气质量评价的一个特色指标，成都市区见雪山次数逐年递增：2018 年 56 次，2019 年 65 次，2020 年 70 次。2021 年，成都空气质量优良天数达 299 天，空气质量持续改善，但与全国地级及以上城市平均值还存在差距，特别是中心城区主要污染物浓度均高于外围区县（市），大气污染现象仍需重视。究其原因，主要是盆地自然地理特征带来的大气环境容量约束较强，龙泉山西侧平均风速仅 0.94 米/秒，静风频率接近 40%，通风环境比龙泉山东侧差，不易于污染物的稀释和扩散。

（四）城市空间结构有待进一步优化

近年来，随着成都市公园城市建设及生态环境治理，生态环境发展水平持续提升。但从成都市城镇化与生态环境耦合协调发展分析可以看出，当前虽然表现为优质协调发展类，但相较于城镇化发展水平，成都市的生态环境发展呈现为滞后状态，即成都市的生态环境质量仍有进一步优化提升的空间。首先，成都市整体绿地体量较大，在市区集中在中、西部，北部较少；郊区主要集中在风景区；因此成都整个绿地分布并不均匀，北部属于工业区，对于环境的需求量更大；截至 2020 年人均公园绿地面积为 14.51 平方米，依然少于全国人均公园绿地面积，与成都市 2025 年近景规划的 15.5 平方米还存在些许差距。同时，成都市公园城市建设也对城市绿地提出了更高的要求——进一步优化城市绿地空间、夯实生态本底，实现园中建城、城中有园、城园相融、人城和谐的公园城市格局。其次，成都市建设用地持续扩张，截止到 2020 年成都市建设用地面积为 994.65 平方公里；其发展自古以来就呈现圈层扩张的态势，在龙泉山和龙门山之间发展，导致中部平原地区的开发强度偏大，城镇发展与"都江堰精华灌区"优质耕地保护的矛盾突出。最后，成都近 10 年工业增加值占全市 GDP 比重由 37% 降至 24%，生活性服务业发展增速趋缓、基本趋于饱和，先进制造业体量不够大，为生产制造服务的生产性服务业发展不充分；此外，成都仍存在较大规模的低效工业空间，三年平均用电量为零的低效工业用地总面积仍有 57.62 平方公里，占全市总工业用地的 16.04%。因此，想要进一步实现城市精明增长，需要优化城市空间，提升土地利用效率；同时需要进一步加强存量低效工业用地的再开发利用，推动工业转型升级。

四　政策建议

（一）优化产业结构，大力发展绿色低碳产业

针对产业结构有待进一步优化调整这一问题，成都市的产业发展应遵循公园城市的基本特征，在高质量发展与生态文明建设思想的指导下，充分发挥公园城市的生态环境优势，坚持产业生态化与绿色发展，继续推动产业结构的转型升级。

一是优化产业结构，提高第三产业所占比重，充分发挥成都市独特的旅游资源优势，结合新一代信息技术，大力发展餐饮、旅游、酒店、会展等现代服务体系；二是升级传统优势产业，通过建立绿色技术创新体系，提高资源利用效率，重点推进生物医药、高端装备制造、电子信息等产业的发展；三是构建低碳产业体系，加速发展新能源和碳中和等相关产业，提升要素集聚、技术创新能力；四是积极培

育战略性新兴产业，重点培育新能源汽车、生物医药、新型材料、航空航天等领域新优势；五是创新农业生产方式，结合大数据、互联网、人工智能等新兴技术，充分利用城市土地资源，优化、创新农业生产方式，提高农业生产效率，实现农业的高效化、智能化；六是提高产业创新能力，依托高质量的公园城市人居环境，推动各类资源高效配置，为创新人才及高端人才提供良好的硬件及软件环境，吸引高层次人才集聚，提高成都市产业创新能力。

（二）全域统筹公共服务设施供给，提升全域城市核心功能和服务能级

首先，在公共服务均等化配置方面，成都应坚持贯彻十五分钟便民生活圈理念，健全和完善基本公共服务设施体系。同时，增强基础保障类公共服务设施和特色提升类公共服务设施供给（建议按照规划常住人口上浮20%的需求进行配置），提高基本公共服务水平。其次，在公共服务配置方面，要从"以地为中心的公共服务设施配置思路"转为"以人为中心的公共服务设施配置思路"，充分考虑人口结构、分布及不同人群的潜在需求，努力满足"一老一小"和特殊群体对于基础公共服务设施的需求，推动建设全龄友好包容型社会。最后，高品质的公共服务成为城市吸引人才、实现可持续发展的关键影响要素；成都市应着力布局博物馆、体育馆、美术馆和剧院等重大区域型公共服务设施，提升全域城市核心功能和服务能级。

（三）多渠道持续提升城市空气质量

城市是各种人类活动的集聚场所，农业、工业、交通和城市建设等均会影响城市空气质量。唯有多管齐下，多个渠道减少空气污染，才有可能切实提升城市空气质量。首先，成都市应继续加强污染防控，监督并引导相关企业转型减排，大力发展绿色低碳产业，降低污

染物排放。其次，积极推广新能源汽车，同时提升公共交通普及率和使用率，切实减少交通污染。另外，要以公园城市建设为契机，合理布局城市生产、生态和生活空间，提升人均绿地覆盖面积，改善城市空气质量。最后，合理规划城市通风廊道，强化廊道地区土地利用布局，助力风道系统提升通风能力并阻隔污染传播，实现"引风入城"，提高城市气候舒适性。

（四）加快空间结构调整，优化市域功能体系

成都市委十三届十次全会提出了空间、产业、交通、能源四大结构调整，指出"新"不是盲目扩张建新城，而是以结构优化、功能提升、产业升级等为主，转变发展方式，体现新发展理念。

成都市应借助其东部地区的良好大气扩散条件和丰富的承载空间，采取"东进"策略，推动先进制造业在龙泉山东侧区域的布局，实现市域空间结构由"两山夹一城"向"一山连两翼"转型。同时，需要进行市域功能体系的优化，以实现中心城区、城市新区和郊区新城的差异化发展。其中，中心城区应强化高端要素的整合与调配、国际交流与交往、现代服务业的发展、文化传承与创新、时尚消费的引领等核心功能，逐步减少一般制造业、商品交易市场和仓储物流等非核心功能的存在。城市新区应大力发展高新技术产业集群，凝聚尖端创新产业，打造城市高质量发展的重要动力引擎及经济增长极。郊区新城的发展应聚焦于生态价值的转化、乡村全面振兴的促进、公园城市乡村建设的展示以及保障粮食安全和稳定蔬菜供应等核心功能。同时，还需要推动传统制造业向绿色低碳转型，积极培育特色功能、发展特色产业。通过这些措施，成都市能够实现市域空间结构的优化，实现多中心发展，提升城市整体竞争力和可持续发展水平。

在绿地系统建设方面，以公园城市建设为抓手，不断完善全域绿

地系统建设，继续深入建设综合性公园、专类公园等；用地紧张的区域应从公园、小游园、微绿地和立体绿化入手，见缝插绿，增绿提质，改变绿地分布不均衡的现状，进一步提高成都市的绿化覆盖率，形成布局均衡、级配合理、功能完善、内容丰富的城市绿地公园体系，进一步改善城市生态环境，为市民营造良好人居环境。

B.5
人与自然和谐共生的农业现代化

杨晨遥　钱　慧*

摘　要:　"强国必先强农，农强方能国强。"加快推进农业现代化是全面建设社会主义现代化国家的重大任务，是解决发展不平衡不充分问题的重要举措，是推动农业农村高质量发展的必然选择。立足中国国情，坚持走人与自然和谐共生的中国特色农业现代化道路，是实现中国式现代化的基石，也将为世界发展和人类进步作出重要贡献。成都在全省乃至全国发展大局中地位特殊、作用重大，在现代都市农业高质量发展上拥有良好基础和突出优势。本报告在成都建设公园城市示范区的背景下，深入探析公园城市农业现代化特征、政策及方向，并系统梳理了现阶段公园城市农业现代化的实践探索、面临的问题和挑战，提出夯实公园城市农业现代化要素保障、构建公园城市农业现代化三大体系、深化公园城市城乡融合发展路径、深化公园城市农村经济体制机制改革等对策建议。

关键词:　公园城市　农业现代化　人与自然和谐共生

---

* 杨晨遥，博士，成都市社会科学院助理研究员，研究方向为农村与区域发展；钱慧，上海同济城市规划设计研究院城乡统筹研究中心副主任，高级工程师。

一 公园城市农业现代化特征及重点方向

农业现代化是中国式现代化的重要组成部分,"大国小农"在未来很长的时间内将仍然是中国的基本国情,因此中国式农业现代化不能照搬照抄国外的先进经验,必须走出一条人与自然和谐共生的农业现代化道路。

(一)公园城市农业现代化特征

农业现代化依托现代农业制度与现代农业技术,引入现代生产要素和生产方式,促进土地、资本、劳动力以及技术等要素的均衡配置,从而提升土地产出率与劳动生产率。从不同的城市类型以及城市发展的现状来看,农业现代化的道路有多种方案,均呈现农业要素投入效率提升,组织方式多样化,市场化不断深化的特征。与其他发展方式相比,公园城市农业现代化赋予了美丽宜居乡村发展更多内涵,承载着乡村居民对美好生活和优美环境的迫切需求,通过将乡村地区建设成居民生活美好、产业持续发展和生态和谐文明的有机统一体,实现高产生态,模式多样,满足人民美好生活需求,与新型工业化、新型城镇化与信息化相互统一的农业现代化,从而打造人与自然和谐共生的乡村发展新模式。

1.公园城市的农业现代化是高产、优质、生态的现代化

伴随人口持续增长、经济高速发展,以及城镇化、工业化进程的不断推进,粮食生产面临的要素约束趋紧、水土污染加剧等问题日益凸显。传承了几千年的传统农耕方式,产量不高,效率低下,抵御自然灾害的能力严重不足,缺乏对稳定产出的保障。作为人口超2000万人的超大城市,成都既要保障稳定安全的农产品供应,又要满足人民日益增长的对优美生态环境的需要。在此背景下,公园

155

城市的农业现代化就需以提高农业综合生产能力、市场竞争力和可持续发展能力为核心目标，采取技术密集、劳动密集和生态循环相结合，兼有高投入、高产出、高效益特征的可持续发展的现代农业。

2. 公园城市的农业现代化是禀赋各异、模式多样的现代化

资源禀赋决定了不同地区农业发展方式。差异化的水土、气候等状况使不同地区农业生产过程特色鲜明又层次多样。公园城市农业现代化以构建都市现代农业产业生态圈为目标，打造具有国际竞争力和区域带动力的都市现代农业。新时代以来，成都将跨界融合探索作为新路径，推动由城郊农业向都市现代农业加速转型，"农业+"行动取得明显成效，以乡村旅游、电子商务、运动康养、文化创意为代表的丰富多样的新产业新业态正加速发展。

3. 公园城市的农业现代化是以满足人民美好生活需求为宗旨的现代化

在以人为本的发展模式下，人民美好生活向生态消费、文化消费、心灵消费等多元需求提升，乡村的特有价值日益受到重视，休闲观光、健康养生、绿色食品等消费提速，乡村功能也不断向文化传承、科普教育、对外交流展示等多元功能拓展。随着成都农商文旅体融合发展模式的不断创新，高品质生活场景、新经济消费场景的多元营造，公园城市农业现代化必将以满足人民对美好生活需求为宗旨，全面畅通城乡经济循环，进一步释放城乡消费和乡村投资潜力，为农业农村辟建更广阔的市场空间。

4. 公园城市的农业现代化是与新型工业化、城镇化、信息化相互统一的现代化

农业现代化是与新型工业化、城镇化以及信息化共同推进的现代化，是并存共联的。在发达国家的发展中，工业化、城镇化和信息化快速推进时，农业现代化往往容易被忽略，出现城乡发展的畸形差

异。随着中国进入高质量发展阶段，传统的工业化转向新型工业化，适度规模城镇化转向高质量城镇化，公园城市的农业现代化也将进入新阶段。随着大数据、物联网、移动互联、云计算、人工智能、区块链等技术手段在农业农村领域的运用不断成熟，公园城市农业现代化将更为广泛地应用人工智能、生物技术等新兴科技创新成果，新产业新业态新模式层出不穷，为成都农业现代化转型提供更加坚实的科技支撑。

（二）公园城市农业现代化的重点方向

在公园城市理念引领下，成都应立足全球视野，充分发挥自身比较优势，主动适应消费结构升级大趋势，以加强农业资源保障、推动城乡融合发展、实现共同富裕等为重点方向，提升公园城市农业现代化发展能级，构建与城市功能相匹配的都市现代农业发展格局。

1. 夯实农业有效供给基础

保障初级农产品有效供给是公园城市农业现代化的基础。伴随着生活水平的提高，人民美好生活需要更高质量的农产品，不仅要保障农产品数量，更要保障农产品质量。在推进公园城市农业现代化过程中，应充分利用农业生态资源优势，发展集约、绿色、高效的现代农业，通过农业基地化建设实现规模效应，为提高农业综合生产能力提供有力保障。在公园城市理念下，成都应坚持"联片综合开发、集约节约发展"理念，聚焦主导产业和细分领域生态优势，大力培育支撑都市现代农业转型发展的市场主体，持续推进产业化重大项目落地建设，推动在每个涉农片区规划建设一个产业优势明显、公共配套齐全、生活交通便利、有区域带动力和产品创新力的现代农业产业园区。

2. 持续推动城乡融合发展

城乡融合是公园城市农业现代化要实现的目标。城市和乡村是复

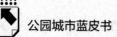

杂的综合体，城乡融合发展战略既是新时代构建新型城乡关系的有力抓手，更彰显了新发展阶段的历史责任，符合践行新发展理念和构建新发展格局的客观要求。城乡要素自由流动、平等交换和公共资源的合理配置，能有效破解资源与要素之间的不等价藩篱，变革长期不均衡的资源配置方式，从而推动乡村振兴全面升级。2022年成都城镇化率已达到78.89%，按照城镇化发展规律，成都城镇化已由加速阶段进入成熟阶段，城乡发展将进一步从"制度统筹"向"全面融合"深化。在公园城市理念下，成都应持续优化资源配置，强化要素保障，推进形态、设施、服务更新，打造"人居高品位、场景高颜值、生活高满足"的美丽宜居乡村。

3.形成共同富裕破竹之势

共同富裕是公园城市农业现代化的最终目的。促进农民农村共同富裕，应立足新历史坐标、植根农民农村实际，总结经验、厘析问题，着力通过促进乡村产业振兴发展、繁荣发展乡村文化和推动乡村数字建设等路径，为实现农民富裕富足提供坚实基础。在公园城市理念下，成都应进一步强化新型经营主体和服务主体培育，将村级集体经济作为共同富裕的重要保障，拓宽农民收入增长渠道，培育高素质农民，推动小农户与现代农业有机衔接，力求共同富裕取得更为明显的实质性进展。

二　公园城市农业现代化政策演进及目标定位

近年来，成都全面开启践行新发展理念的公园城市示范区、中国西部具有全球影响力和美誉度的现代化国际大都市建设。农业农村现代化关系到社会主义现代化目标的进度和质量成色，不仅是缩小城乡区域发展差距、促进农民农村共同富裕的重要抓手，也是高质量建设践行新发展理念的公园城市示范区、高水平创造新时代幸福美好生活的重要内容。

（一）公园城市农业现代化的政策演进

改革开放以来，成都市农业的发展历程可被分成4个阶段（见图1）。1983年至1998年是城郊农业初始发展阶段，1986年全国的第一家农家乐——徐家大院在成都市郫县友爱乡农科村诞生。1999年至2008年是城郊农业快速发展阶段，1999年，成都市举办了全市第一届近郊都市农业发展对策研讨会。2009年至2016年，是成都市都市现代农业拓展阶段，2009年《成都现代农业发展规划（2008—2017年）》出台，提出了发展"都市型现代农业"总体定位并付诸实施。2017年至今是都市现代农业高质量发展阶段，2017年市委文件提出构筑成都市"都市现代农业新高地"，并安排工作专班组织实施。

2017年4月，中共成都市委第十三次代表大会提出了"十字策略"的推进方针，即东进、南拓、西控、北改、中优。"东进"涉及的成都市东部的3976平方公里，主要为丘陵地形，要以生态优先为基本原则，构建渗透东进全域的生态绿线、网络化的生态廊道，重点建设丘陵地区都市现代农业产业带。"南拓"涉及成都市南部的1395平方公里的农业农村地区，着力打造西部农业科技创新引领区和国内都市休闲农业样板区，重点发展会展农业和高科技农业，国家成都农业科技创新中心、中国农科院都市农业研究所的办公场地和新的会展中心都在此建设。"西控"涉及成都市西部地区的7185平方公里，该区域以山地、丘陵为主，有少量平原，发展定位为成都市重要的生态功能区和粮食生产区、生态宜居的现代田园城市典范区，要大力发展绿色低碳科技产业带。"北改"涉及成都市北部的704平方公里，锚定"成都现代农业开放型经济示范区"的发展定位，打造都市现

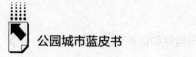

城郊农业初始发展阶段	开了休闲农业和乡村旅游的先河，也为都市农业的兴起奠定了基础	1983年 家庭联产承包责任制
		1986年 郫县友爱乡农科村诞生了第一家农家乐——徐家大院
	城郊型农业由此从理论研究走向决策和实践	1984年 中央农村工作会议正式提出要大力发展郊区农业
	农业生产结构调整不断深化	1989年 成都开始全面实施"菜篮子"工程

城郊农业快速发展阶段	明确提出大力发展现代都市农业，形成现代农业科技的结构体系	1999年 成都市第一届近郊都市农业发展对策研讨会明确发展都市现代农业的新趋势
		2003年《成都市城市总体规划纲要》
	开启统筹城乡发展的序幕	2003年 成都城乡一体化工作现场会上作出推进城乡一体化的重大战略部署
	成都被授牌成为中国第二个由国际都市农业基金会选定的国际都市农业试点城市	2004年 成都市委宣布改革农业结构，支持设施农业、生态农业等多种都市农业类型
		2006年 国际都市农业成都论坛
	为成都发展都市农业带来机遇	2007年 成都被国家选为城乡协调改革试点区

| 都市现代农业拓展阶段 | 进一步明确了成都"都市型现代农业"总体定位 | 2009年《成都现代农业发展规划（2008-2017年）》充分考虑了促进农业"接二连三"、实现一二三产业互动相融发展方向，并勾画出城市农业鹏层、近郊农业国层和远郊农业图层"三大圈层"发展战略 |
| | 进一步明确城市现代农业的目标 | 2016年 成都进一步明确了都市现代农业的目标，即成为中国城市农业模范城市 |

都市现代农业高质量发展阶段		2017年 成都市第十三次党代会提出了"构建都市现代农业新高地，加快培育农业农村发展新动能"的现代农业发展目标
	开启都市现代农业高质量发展阶段	2017年 全国中心城市产业发展大会确定了成都都市现代农业可以衍生的六大产业，即农产品深加工、城市休闲农业、农村电子商务、健康养生、农产品物流、绿色种植
	代表着都市农业产业的高质量和增值成果	2021年《成都市国土空间总体规划（2020-2035年）》强调，要保护生态本底，推动公园城市绿色发展，都市现代农业从注重生态效益向注重社会功能转型，抓稳都市农业的景观、文化、生态、宣教、产业等发展方向

图1　成都市农业发展历程

160

代农业对外开放门户地区，构建形成"两区一带、四园多点"的农业开放型经济发展格局。"中优"指的是成都市的五环路以内的1264平方公里，重点打造四环路到五环路之间区域，以环城生态带为依托，积极发展景观农业，形成环城生态圈"两环"城市生态绿环景观，重点发展屋顶农业、体验农业等。

2018年2月，习近平总书记在成都视察时明确指出，"要突出公园城市特点，把生态价值考虑进去"。按照总书记的指示要求，成都市委、市政府在包括农村地区的成都全域建设公园城市，以发展都市现代农业为重点，明确全市都市现代农业发展空间，引导农业多功能的空间合理布局，强调功能区建设与城市发展的协同性。同时提出构建成都都市现代农业生态圈，以农业产业化、产业景观化、景观生态化为导向，以现代农业产业功能区以及园区建设为抓手，率先构建农、商、文、旅、体、学、研融合发展的都市现代农业生态圈。

（二）公园城市农业现代化的目标定位

准确把握公园城市农业现代化的目标定位，是推动公园城市农业高质量发展的关键。《成都市"十四五"农业农村现代化规划》明确，要将成都建设成为新时代都市农业新高地、美丽乡村新标杆、共同富裕新示范、城乡融合新典范，全力打造农业高质高效、乡村宜居宜业、农民富裕富足的乡村振兴样板（见表1）。具体来看，应从保供给、提质量、促增收、强科技、增绿色五方面精准发力（见图2）。

1. 保供给

公园城市农业现代化的首要目标是保障供给。习近平总书记指出，粮食安全是"国之大者"，在农业生产中要立足于解决中国人民吃饭问题，保供给是头等大事。保供给既要保证数量，还要保证质量、保证种类。作为农业现代化的公园城市，成都依托自身气候、地

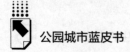

形、交通等优势，以粮食生产功能区和重要农产品生产保护区为重点，深入实施"米袋子""菜篮子"强基行动，预计到 2025 年，全市年粮食播种面积稳定在 570 万亩以上，粮食综合生产能力达到 230 万吨左右，禽畜养殖规模化率达到 80%以上，叶菜自给率达到 100%。

2. 提质量

公园城市农业现代化的本质是提质量。提质量包含提高农产品质量效益和竞争力两个方面的含义，要不断优化农业生产结构以及区域布局，提升规模化、集约化和数字化水平，夯实农业发展的软硬件基础，因地制宜发挥公园城市农业特有的生态、人文、康养等价值功能，以高质量的供给、高质量的配置、高质量的投入产出、高质量的收入分配和高质量的循环来实现公园城市农业现代化。预计到 2025 年，成都主要农作物优良品种覆盖率达到 98%，建设数字农业试点示范基地 20 个以上，打造高品质农商文旅体融合发展消费场景 1000 个以上。

3. 促增收

公园城市农业现代化的要义是促增收。促增收的关键表现是农民收入的稳步增长和农民增收能力提升，缩小城乡收入差距，实现共同富裕。公园城市要实现农业现代化，农民的收入来源应从单一的种养殖收入转向工资性、经营性、财产性和转移性收入，从而增加收入总量、拓宽收入渠道，提升土地生产力和劳动生产率。预计到 2025 年，成都农村居民人均可支配收入将突破 4 万元，城乡居民收入比缩小到 1.8∶1 以内，县级及以上文明镇占比达到 75%，农业职业经理人数量达到 3 万人，村级集体经济年经营性收入普遍达到 10 万元以上。

4. 强科技

公园城市农业现代化的内在驱动力是强科技。科技是农业现代化的动力源泉，是实现农业高质量发展的重要着力点。坚持农业科技自立自强，强化种子赋能、科技赋能、设施赋能、数字赋能，推进创新链与产业链有效衔接，持续提升现代农业竞争力。预计到2025年，成都农业科技进步贡献率提高到63%以上，农业劳动生产率提高到5万元／人以上。

5. 增绿色

公园城市农业现代化的外在要求是增绿色。增绿色是提升农业可持续发展能力，也是农业现代化中供给侧改革与高质量发展的最重要内容。在增产的压力下，过量的化肥、农药、农膜等现代投入要素进入生产环节，造成了耕地质量的退化，引发土壤板结、农业面源污染加剧问题。公园城市理念下的乡村发展强调把产业创新绿色发展作为主引擎，依靠绿色资源体系，构建绿色生产方式和生态经济体系，谋求乡村经济的绿色、高效、低碳、协调发展。预计到2025年，成都主要农作物绿色防控技术覆盖率将达70%，农业适度规模经营率达到75%以上，畜禽养殖规模化率达到80%以上。

表1 "十四五"时期成都农业农村现代化主要指标

一级指标	二级指标	序号	三级指标	2025年目标	指标属性
绿色智慧的都市现代农业	创新驱动	1	农业科技进步贡献率（%）	>63	预期性
		2	主要农作物耕种收综合机械化率（%）	>82	预期性
		3	主要农作物优良品种覆盖率（%）	98	预期性
	补链强链	4	农业劳动生产率（万元／人）	>5	预期性
		5	农产品加工产值与农业总产值比	>2.0	预期性
		6	农产品网络零售额（亿元）	>250	预期性
	稳产保供	7	粮食综合生产能力（万吨）	230左右	约束性
		8	新增高标准农田面积（万亩）	130	预期性
		9	蔬菜播种面积（万亩）	260	预期性

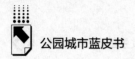

续表

一级指标	二级指标	序号	三级指标	2025年目标	指标属性
绿色智慧的都市现代农业	稳产保供	10	生猪出栏量(万头)	350	预期性
		11	农业适度规模经营率(%)	>75	预期性
		12	畜禽养殖规模化率(%)	>80	预期性
		13	主要农作物绿色防控技术覆盖率(%)	70	预期性
	主体培育	14	新培育市级以上农业产业化重点龙头企业(家)	>100	预期性
		15	新培育农民合作社(家)	1500	预期性
		16	新培育家庭农场(家)	2800	预期性
近悦远来的现代乡村	功能多元	17	新建美丽宜居村庄(个)	500	预期性
		18	高品质农商文旅体融合发展消费场景(个)	>1000	预期性
		19	累计建设川西林盘聚落(个)	1000	预期性
		20	休闲农业和乡村旅游收入(亿元)	700	预期性
	设施一体	21	农村集中供水率(%)	95	预期性
		22	镇(街道)5G信号覆盖率	100	预期性
		23	农村清洁能源利用率(%)	90	预期性
	服务均等	24	农村基本养老保险覆盖率(%)	100	预期性
		25	农村基本医疗保险覆盖率(%)	100	预期性
		26	义务教育优质均衡区(市)县比例(%)	60	预期性
富裕进取的现代农民	生活富裕	27	城乡居民收入比	<1.8:1	预期性
		28	农村居民人均可支配收入(万元)	>4	预期性
		29	农村居民恩格尔系数	30	预期性
		30	农业职业经理人数量(万人)	3	预期性
	乡风文明	31	县级及以上文明镇占比(%)	75	预期性
		32	农村居民教育文化娱乐支出占比(%)	6	预期性
	治理有效	33	村(社区)网络化服务管理体系覆盖率(%)	100	预期性
		34	乡村地区每万人拥有社会组织数量(家)	5	预期性

资料来源:《成都市"十四五"农业农村现代化规划》。

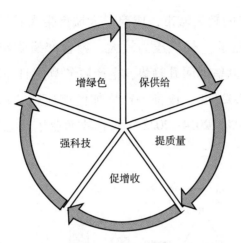

图2　公园城市农业现代化目标定位

三　公园城市农业现代化的实践探索

成都地处都江堰精华灌区，农耕历史悠长，农业自然条件优越、资源丰富，被誉为"天府之国"。伴随新型城镇化进程的加快，成都农业产业结构不断优化调整，农业也由城郊农业向都市现代农业加速转型。经过多年的探索和实践，成都都市现代农业发展取得了显著的成效，是首批整市推进国家现代农业示范区、全国统筹城乡综合配套改革试验区、全国休闲农业和乡村旅游示范市、国家农产品质量安全市。

（一）树立大食物观，打造"天府粮仓"成都片区

进入新时代，传统粮食安全观已明显滞后于当前国情粮情，粮食安全观已经从单一的数量安全向质量安全、生态安全等多层次转变。大食物观是"向耕地草原森林海洋、向植物动物微生物要热量、要蛋白，全方位多途径开发食物资源"的一种观念。作为拥有超过

2000 万常住人口的超大城市，成都"大城市带大农村"的特征明显，"米袋子""菜篮子"保供压力较大，粮食产量常年位居四川前列，近两年耕地面积也呈现回升趋势，生产服务范围日益广泛，加工产业结构逐步健全。2022 年，成都一产增加值增速达 2% 以上，增加值占 GDP 比重达 3.67%，2014~2022 年农林牧渔业生产总值总体呈攀升态势（见图 3）。

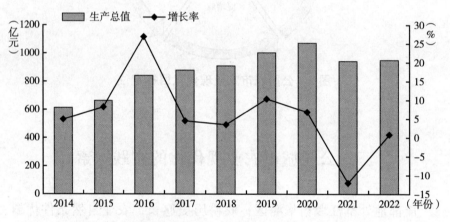

图 3　成都市农林牧渔业生产总值及增长率历年对比

资料来源：《成都统计年鉴》。

成都地处四川盆地腹心地带，平均海拔高度 500 米，属亚热带湿润季风气候，年平均温度 15.5 摄氏度。岷江、锦江、沱江等 40 余条江河流经成都主城东西南北全境，水资源总量为 264 亿立方米。丰富的农业资源和悠久的粮食生产传统使四川及成都被赋予了建设新时代更高水平"天府粮仓"、打造千万吨级"天府森林粮库"等历史使命。深入实施"藏粮于地、藏粮于技"战略，牢牢守住耕地红线，坚决遏制耕地"非粮化""非农化"，保障粮食和重要农产品安全，是未来成都农业发展的重要方向。从农作物播种面积来看，2021 年成都市粮食作物播种面积 572.8 万亩，同比增长 0.8%，2022 年以来，成都市坚决落实"长牙齿"的耕地保护硬措施，完成耕地摞荒整治 2730.8 亩和新增耕地"非粮化"整治 674.57 亩、消化存量"非粮化"9.5 万亩。从农作物产量变化来看，在 2022 年遇到极端干旱和高温等困难的情况下，成都全市粮食产量达 227.0 万吨，居全省第七位。成都邛崃市、崇州市等粮食主要产区正全力打造中国西部现代种业发展高地核心承载区、粮油科技策源地，有效推动成都持续筑牢粮食安全生产底线，更高水平"天府粮仓"建设成势见效。

专栏一　建设"天府粮仓"成都片区核心示范区

耕地是粮食生产的命根子，是巩固和提高粮食生产能力的重要基础。作为全国粮食生产功能试点县、新增千亿斤粮食生产能力建设县，2021 年，成都崇州农作物播种面积达 79.84 万亩，崇州都市农业产业功能区实现产值 37.2 亿元，增幅 11.1%，连续 5 年获评"四川省粮食生产先进县"。2022 年初，四川出台了《建设新时代更高水平"天府粮仓"行动方案》，勾勒出时间表、任务书、路线图，并以实际行动将其变为一张张施工图、实景图。

一是强化科研服务，打造粮油科技策源地。崇州积极探索校地院企联合研发，创新科技成果转化路径，推动粮油标准全域覆盖。依托四川省农业科学院作物研究所、重庆市农业科学院水稻研究所，建成低镉积累优质绿色稻试验点 7 个，启动优质水稻、稳糖水稻、油菜"四新"3 个连片种植核心区和稻渔综合种养核心示范区建设。二是强化人才服务，崇州着力组建农技专家智囊团，设立人才发展专项资金，给予人才创新创业项目、科研创新平台和创新载体建设等政策扶持。同时，培育壮大智慧新农人，联合四川农业大学、成都市农业科技职业学院等高校院所，打造"农业科技示范基地（园区）+专家大院+专家工作站"实训基地，提供"一对一"教学指导和跟踪服务，形成"农业专家+农业职业经理人+实训基地"服务模式。如今，放

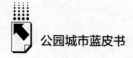

眼巴蜀大地广袤田野，新的"丰收"正不断孕育、萌发、生长。

资料来源：《保地稳粮促丰收　成都崇州：高水平建设"天府粮仓"核心示范区》，http：//sc. sina. com. cn/news/b/2022-10-04/detail-imqqsmrp1449040. shtml。

（二）推进补链强链，实现现代农业产业高质量发展

从全球现代农业发展的趋势看，农业产业链、供应链呈现跨城乡、跨区域甚至跨国别布局的趋势。这虽然有利于现代农业产业的整体发展和价值提升，但对某个区域而言，可能造成其农业产业整体竞争力的弱化。因此，区域地方政府普遍通过制定农业产业链发展规划，使其在具有比较优势的领域构建具有竞争力的产业体系。

成都现代农业产业体系发展正处于由最初的产业分散向产业集聚、再向产业生态圈嬗变的重要历史时期，公园城市现代农业产业主要具有如下特征。一是从产业组织结构角度上看，由多元微观经营主体构成，不同主体之间通过良性竞争和协作，实现农业产业生态圈良性循环和微观主体持续健康发展。二是从产业链角度上看，已形成了以优势产品为主线的完备产业链条（见图4），链条上所有节点联系紧密，研发、生产、加工、流通等环节环环相扣，链条运作处于较优状态。三是从空间布局角度上看，以现代农业产业园区为载体的产业发展集聚、高效，空间布局合理，一二三产业发展深度融合，各区域分工合理、竞相发展。四是从发展机理角度上看，整体的发展动力正在由要素投入、政策支持等外部动能转变为产业内部与外部良性循环共同演进形成的内生发展动力。因此，成都围绕现代农业产业链构建产业生态圈，并制定专业化的政策工具包顺应现代农业市场竞争趋势。科学管理成都现代农业价值链，是培育成都现代农业比较优势和市场竞争力的应时之举。

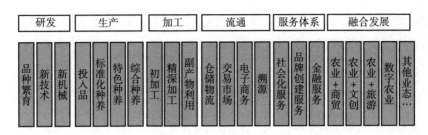

图 4 成都市都市现代农业产业链全景

资料来源：《成都市都市现代农业产业生态圈蓝皮书（2020 年）》。

专栏二 建设成都都市现代农业发展的产业功能区

在重塑城市产业经济地理格局的推动下，成都依托农业产业基础，大力发展建设都市现代农业五大产业功能区，即中国天府农业博览园、温江国家农业科技园、天府现代种业园、崇州都市农业产业功能区和蒲江天府农创园。

一是中国天府农业博览园，以"永不落幕的田园农博会盛宴、永续发展的乡村振兴典范"为定位，打造面向全省的农业博览综合服务平台和农业科技创新服务平台，占地 110.5 平方公里，核心区 2.5 平方公里。二是温江国家农业科技园，以"现代都市农业硅谷"为目标，以"农创、农旅、农养"融合发展为路径，促进生态价值转化，为都市现代农业提供高新技术支撑，占地 2.4 万亩，集聚中国农科院、中国农业大学等上百家科研院所、高校团队开展农业创新技术研发。三是天府现代种业园，位于成都邛崃市，围绕现代种业产业生态圈建设，搭建了种业科创平台，全力构建以杂交水稻、油菜种业为基础，畜禽、水产、蔬菜等种业为突破的"大种业"发展格局，占地 170 平方公里，核心区 2.1 平方公里。四是崇州都市农业产业功能区，打造优质粮油示范基地，以构建优质粮油产业生态圈为中心，南部建设十万亩优质粮油产业园，北部建设十万亩粮经旅产业园、千

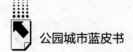

亩粮油食品加工园，从而形成"一核两环三园五镇"的发展格局，占地269.8平方公里。五是蒲江天府农创园，以"川果"为主，以"有机绿谷，世界果园"为定位，打造"川果"主导产业功能区，每年水果周转量约120万吨，产值约110亿元，带动3万余户农户实现就业，户均每月增收3000余元，特色产业效益显著。

资料来源：《聚焦成都产业发展　建设都市现代农业产业园》，http：//cddrc.chengdu.gov.cn/cdfgw/c114268/cyfz_ list.shtml。

（三）深化产业融合，彰显现代农业产业多元价值

以农业生产为基础、产业发展为带动，与新技术、新业态、新经济充分融合，构建多元场景营造和产业发展体系整合的现代生态经济体系是公园城市理念下的乡村发展的基本形式。"山水林田湖草"系统作为一个有机整体是林盘等高品质绿色空间建设的生态环境基础和生态价值转化的资源要素，更是乡村居民赖以生存的根本。公园城市应依托特色生态优势，对传统农业进行精细化改造，活化乡村业态，提高农产品的生态附加值，打造"文创+乡创"产品体系，推动传统农业产业升级；以景观道路串联郊野公园、特色村庄、农业产业园和旅游景区，"点、线、面"相结合，形成立体化景观体验网络，凸显乡村慢行功能；遵循绿水青山的发展理念，围绕生态景观提升、乡村文化挖掘、配套功能完善等方面，促进生态农业与休闲旅游有效融合，构建富有层次的生态产业圈，将生态价值转化为发展竞争优势，形成生态环境与人居环境有机融合的生命共同体。

在公园城市理念指导下，近年来，成都乡村发展秉承着"保、改、建"原则，在原有生态基础上进行科学设计，依托原生态肌理和传统农耕文化，以培育成都文化新名片为出发点，按照商业化逻

辑，坚持"大地景观单元"新理念，将特色小镇、川西林盘与周边环境作为大地景观单元来高位策划、总体规划、精心设计，呈现成都平原的生态文明和川西民居风貌，同时动态植入现代产业元素，实现旅游、休闲、康养、互联网、会展等产业元素的深度融合，强化配套设施，打造了一批特色鲜明、产业突出的特色镇和川西林盘聚落，构建了"诗画川西坝、耕读田园景"的天府农业新场景，创造性地推动了地区生态价值的经济转化。

休闲农业作为一种较新的产业形态，在解决成都"三农"问题、带动农民增收致富、缩小城乡差距等方面均发挥了重要作用。成都通过突出"农"的生态赋能、"商"的产业逻辑、"文"的价值浸润、"旅"的聚人引流、"体"的身心塑造作用，促进农商文旅体形态融合、价值叠加、优势互补，在市场强力拉动、政策有力推动、社会广泛参与、部门密切配合下，乡村休闲农业呈现蓬勃发展的良好态势，已成为激活农村资源的新要素，促进农业经济发展的新动能，推动农业供给侧改革的主战场，促进农民就业增收的大产业。2017~2021年，成都乡村旅游接待人数从1.08亿人次增长至2.05亿人次，增长了89.8%，乡村旅游总收入也从327.7亿元增长至1459.5亿元，增长率高达345.4%（见图5）。

（四）培育多元主体，增强现代农业发展市场活力

作为城乡融合战略的人力基础，职业经理人、家庭农场、合作社等新农人普遍具有广阔的视野、较高的知识水平、系统的管理能力和先进的农业技术，是新时代农村产业新领域、新模式、新业态的探路人和先行者，在发展乡村产业、推动乡村治理等方面发挥作用巨大。伴随城乡产业结构逐步调整，农村"空心化""老龄化"现象日益凸显，新农人正通过充分发挥自身农民新群体、农业新业态、农村新细胞的特点，不断为乡村振兴注入新鲜血液，助力乡村地区实现生态安

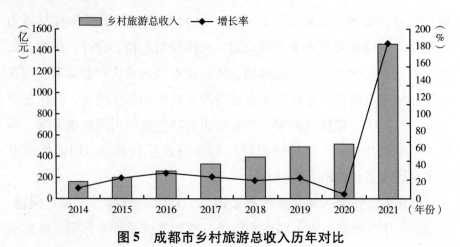

图5　成都市乡村旅游总收入历年对比

资料来源:《成都统计年鉴》。

全、农业升级和共同富裕。随着新农人不断反向回流到农村,"谁来种地""谁能种好地"这一问题正逐步得以解决。

以农民合作社、家庭农场和职业经理人等为主的新型经营主体是公园城市发展现代农业的引领力量和组织载体。近年来,成都以提高农业技能、培育农业职业经理人为核心,强化新型经营主体和服务主体培育,建立了选拔培养、认定管理的政策体系,加快培育高素质农民,联农带农共享全产业链增值收益。截至2020年,成都共有国家级农业产业化龙头企业28家,农民合作社11075家,家庭农场9223家,农业职业经理人17180人。一方面,通过以"土地股份合作社+农业职业经理人+农业综合服务体系"为核心的"农业共营制"强化利益联结,探索保底分红、二次返利、购买保险、风险补助、应急资金支持等多种形式的利益联结机制;另一方面,积极引进培育以专业化从事粮油规模化生产经营为主的龙头企业、农民合作社、家庭农场、种粮大户,通过订单农业、入股分红、托管服务等方式,将小农户融入粮油生产全产业链,带动农户共同富裕。2014~2022年,成都农村居民收入水平实现稳步增长,农村居民人均可支配收入由12307

元增长到29126元（见图6），城乡居民收入比从2014年的2.26缩小到2021年的1.81。

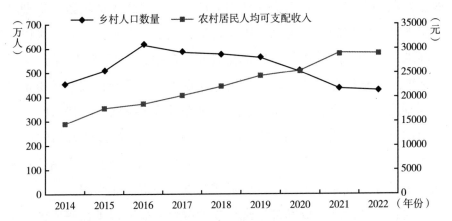

图6　成都市乡村人口数量与农村居民人均可支配收入历年变化

资料来源：《成都统计年鉴》。

（五）夯实生态本底，发展现代绿色生态型农业

推进农业绿色发展是公园城市实现人与自然和谐共生的内在需要。城市化进程不断向前推进的过程中，受到传统发展理念的限制，一些区域过度追求农产品经济利益，不合理使用化肥、农药等农业生产要素，造成了突出的环境污染问题。为更好满足居民日益增长的对绿色健康食品的需要，促进农业可持续发展，成都市始终践行"绿水青山就是金山银山"理念，致力于打造绿色化、生态型农业，用实践来丰富公园城市乡村表达。

从具体措施上看，一是面源污染防治筑牢生态根本。成都大力推动化学农药减量行动，构建更加完善的废旧农业生产用品回收体系，提高畜禽粪污等资源的利用效率，加强养殖尾水治理，综合利用农作物秸秆，大力推进可再生清洁能源利用。二是以减排固碳推动农业绿色生产转型。成都继续推进都江堰精华灌区改造工程,持续普及喷灌、滴灌相结合的灌溉技术,科学培育、选育低碳优质品种,大力发展生态循环模式,有效引进和利用电动轮机、复式生产设备,贯彻落实耕地休耕农作制度,提高土壤碳含量,减少农业碳排放。三是以绿色高端形成农业品牌优势。成都在农业生产中始终坚持"三品一标"等标准,严格把好农业生产安全关和质量关,全面推行农产品质量可追溯制度和合格证制度,构建农产品质量全程追溯平台和监管平台,大力推行农业展会"四挂钩"制度,同时培育具有影响力的农产品品牌,完善市级、县级、企业三级品牌体系,构建全面农产品目录制度,建设绿色食品加工园区,形成成都本地高端农业品牌。

通过综合治理,成都都市现代农业绿色发展取得了良好成效。近年来,全市化肥施用量总体保持零增长,农药与农用塑料膜使用量总体呈下降趋势(见图7、图8),畜禽粪污综合利用率达90%以上,秸秆综合利用率达到98%,受污染耕地安全利用率达到94%,培育绿色食品企业31家,农产品质量安全抽检合格率稳定在98%以上,成为首批经过国家认定的农产品质量安全市。

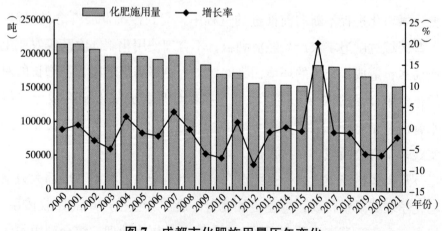

图7　成都市化肥施用量历年变化

图8　成都市农药使用量、农用塑料薄膜使用量历年变化

资料来源:《成都统计年鉴》。

四　公园城市农业现代化面临的问题和挑战

(一)现代农业生产要素配置还需优化

科技要素方面,规模化、标准化现代农业水平有待提高,现代化设施和装备应用不足,绿色生产技术、防灾技术等方面发展有待提升,智能化、智慧化信息技术应用还不广泛,产业综合生产效益不高。通过综合数字农村、数字农业和数字农民等维度指标测算出的数字乡村发展指数显示,尽管2020年度上半年成都市在四川省的数字乡村发展指数中排名第一,但县(市、区)发展之间仍存在巨大差异(见表2)。

表2　成都市数字乡村县(市、区)排名

排名	地域	所属市州	数字乡村发展指数
1	安岳县	资阳	99.08
2	蒲江县	成都	93.79
3	仁寿县	眉山	90.98

排名	地域	所属市州	数字乡村发展指数
4	金堂县	成都	86.14
5	简阳市	成都	85.03
6	峨眉山市	乐山	84.97
7	崇州市	成都	76.40
8	都江堰市	成都	73.41
9	中江县	德阳	71.75
10	大邑县	成都	69.72
11	三台县	绵阳	68.86
12	彭州市	成都	66.95
13	西昌市	凉山	66.66
14	邛崃市	成都	66.00
15	宣汉县	达州	65.90
16	岳池县	广安	63.20
17	广汉市	德阳	62.79
18	通江县	巴中	61.55
19	绵竹市	德阳	60.46
20	会理县	凉山	60.14

资料来源：四川省"数字三农"发展论坛，http://www.scpublic.cn/news/wx/detail? newsid=308563。

人才要素方面，新型农业经营主体和农业专业人才逐渐成为引领农业技术进步的新型职业农民，为现代农业和数字乡村建设提供了人才支撑。但实际上成都在农村高素质人才培育和发展过程中仍存在较多障碍，主要表现在两个方面。一是城乡发展不平衡。农村地区在教育、医疗和基础设施配套等方面远远落后于成都市区，无法对人才形成强大的吸引力，农业专业人才匮乏。二是传统小农户文化素质、数字化素养普遍较低，对物联网、大数据等技术认知度低，缺乏数字技术应用能力和数字资源使用能力。

资本要素方面，一是农业风险大、收益低，具有弱质性，与其他国内一、二线城市相比，成都农村居民人均可支配收入还不高，2022

年成都农村居民人均可支配收入为 30931 元，较上海（39729 元）、广州（36292 元）等城市还存在差距。二是资本的逐利性特征导致大多资本不愿进入农业农村，农村地区在资本要素市场中出现资本外流，农村地区不具备金融市场竞争力，城乡之间资本要素发育极不均衡，2022 年，成都城乡居民人均可支配收入比为 1.78，与杭州（1.71）等城市还有一定差距。

（二）城乡融合发展机制模式还需突破

空间融合方面，成都城市外围大致可以分为近郊平坝、近郊丘陵以及远郊山区三类区域。近郊地区在城市化初期的先发优势变成了乡村再开发的劣势，存在开发强度过高、镇村资源分布散乱、乡村土地成本高企、生态保护压力较大等问题；远郊山区则受制于区位及自然条件，乡村价值的挖掘与开发需要更加独特的思路创新及政策支持。

要素融合方面，一是在乡村地域环境封闭性的制约下，乡村发展过程中存在供需市场不对等、信息不对称等现象，劳动力、资金、技术和土地等资源要素的组合效益得不到充分发挥。二是农村集体建设用地入市等具体细化政策尚不清晰。三是乡村规划缺乏科学性和可行性，村庄规划布局的撤村并点乡村仅为农民迁出，进行土地资源流转以满足乡村建设需求，未充分考虑乡村发展长远机制，未建立起长期有效的农民利益保障机制，不利于乡村地区社会经济稳定发展。

社会融合方面，一是财政资金对农业农村的投入依然不足，近年来成都"三农"支出占一般公共预算支出比重大体在 15% 左右，低于全国平均水平。二是接近九成的平原区城镇近郊村庄存在中度或重度的"空心化"现象，为乡村人口素质改善、基层自治水平提升带来困难。三是公共服务二元分化，城乡资源配置存在明显差距。城市

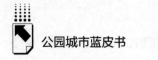

医疗卫生水平要远远超过乡镇卫生院，大多数优质的医疗资源主要集中在城市，在农村地域也缺乏完善的诊疗体系。四是社会参与程度不高，社会资本向农村公共服务领域流动的吸引力不足，无法充分盘活社会资本。

文化融合方面，一是乡村文化建设水平地区差异明显，对于经济基础较好、设施较为齐全的乡村，村民主体意识较高，反之，在文化资源匮乏、资金投入不足、管理体制缺失的情况下，乡村文化建设处于缺失状态。二是乡村文化建设缺少后继人才，有知识有能力的青年人是文化建设与发展的中流砥柱，但由于青壮年人口流失，乡村文化建设主体短缺的问题仍未改善。三是休闲农业和乡村旅游的特色内涵、农耕文化、传统文化、人文历史、民族特色等有待进一步挖掘，品牌塑造、新村建设和文化建设之间的融合发展局面尚未形成，农商文旅体融合需进一步提质优化。

（三）乡村多元价值实现机制还需完善

构建多元场景营造和产业发展体系整合的现代生态经济体系是公园城市理念下乡村发展的基本形式。但随着公园城市农业现代化建设的持续深化，农业生态价值实现机制还需进一步完善。一是生态价值转化存在同质化倾向。成都一些乡村对产业项目、基础设施和公共服务等乡村发展重要资源的针对性调配，使得产业单一化和同质性竞争较为普遍，各地所建设的田园综合体的基本活动内容均为农事体验、游园、住宿等，消费内容与"农家乐"大同小异，旅游产品特色化少、同质化多，缺乏竞争力。一方面，由于过度追求短期经济增长，轻规划、重建设，忽视发展效益的可持续性，另一方面，盲目跟风、完全照搬，忽视乡村发展的独特性和地域性，使乡村产业结构在实际构建过程中缺乏科学性、合理性，从而弱化了"产业+镇村"的乡村发展模式对区域联动发展、乡村转型重构的促进作用。二是公园城市建设多为政府主导自上而下进行的，但乡村地域具有其特殊性，村民作为乡村发展主体，不仅仅是"公园"的使用者，也是其建设者与维护者。目前，乡村主体的生态文明建设意识较为薄弱，对于如何建设美丽乡村缺少充足的认识。公园城市是一个复杂的综合体系，仅从决策者的角度考虑很难涵盖各发展要素，在最大限度上满足各类群体的利益、弱化其冲突，需要以人为本打破传统的公园建设模式，加入自下而上的民众参与机制，将公园体系维持在良好的状态。相较于城市，乡村基础设施及环境治理措施较为薄弱，形成乡村生态文明建设的阻力。如何合理布局对生态更为友好的绿色基础设施，最大化其生态效益，造福一方居民则是公园城市理念下乡村建设需要考虑的重要问题。

五　公园城市农业现代化的对策建议

（一）夯实公园城市农业现代化的要素保障

1.完善科技要素支撑

一是加快推进现代种业发展。全面摸清种质资源底数，加强种质资源保护开发利用、育种创新、品种检测测试与展示示范等能力建设，强化生物育种产业化应用，建立健全"育繁推"一体化良种繁育体系。二是加强现代农业装备研发应用。深入实施农机购置市级累加补贴、薄弱环节农机作业补贴和农机报废更新等农机化政策，扎实开展新机具新技术试验示范、农村机电提灌站建设、"宜机化"改造等农机化项目，推广应用高性能、智能化、绿色农机，培育农机装备"专精特新"企业。以"五良"融合为牵引，实施主要农作物全程机械化行动，集成全程机械化技术，实施机械化与信息化技术结合，打造一批主要农作物全程机械化示范区。三是推动农业数字化升级。加快构建数字农业农村标准体系，加快推动信息安全、应用支撑、数据资源等国家、地方行业标准的实施；持续丰富数字农业试点内容，大力实施数字粮油、养殖以及特色作物示范建设，构建农业产业质量追溯平台，实现农产品全流程质量追溯。

2. 夯实人才要素基础

一是创新现代农民培养机制。加快培育有文化、懂技术、善经营、会管理的高素质农民，持续培养农业经营主体带头人，全面协调统筹农业职业院校、科研院所、农业企业、新型农业经营服务主体、专业协会等各类资源，开展技术培训、实习实训及跟踪服务等，提高农民参训率和满意度。二是持续培育新型农业经营主体。完善"龙头企业（产业协会）+合作社+农户"利益联结机制。大力引进培育龙头企业，探索创新涉及农业多元主体的产业化经营体系，积极提倡适度规模经营，使现代农业与小农户实现有效衔接。

3. 持续资金要素投入

一是整合涉农财政资金。积极探索更加灵活、适用的财政投入与融资模式，引导社会资本积极参与农业、农村建设。二是进一步深化农村放管服改革和金融服务改革，依托"农贷通"、成都农交所等金融综合服务平台，满足基层农村经营主体的融资需求。三是加大对农业保险的支持和补贴。提高和拓宽政策性农业保险保障水平和覆盖面，推动农业保险向"保完全成本、保收入"转化，健全配套设施和服务；建立"农贷通"风险补偿资金，完善农业信贷担保、再担保体系和"农贷通"风险补偿机制，推进财政奖补线上办理，健全风险缓释补偿机制。

4. 强化土地要素保障

一是严格落实耕地保护政策，加快推进高标准农田建设，分类开展耕地开发利用整治，落实"长牙齿"的耕地保护硬措施。二是提升土地质量，在不同区域布局耕地质量、农产品产地环境质量、土壤墒情等监测点位，厘清成都不同生态条件、不同利用类型的土壤质量状况，深入推进高标准农田建设，不断完善和优化水网水渠等灌溉体系，综合利用种植绿肥、增施有机肥、秸秆还田等多种技术手段提升土壤质量，增强公园城市耕地综合生产能力。

（二）构建公园城市农业现代化的三大体系

1.着力构建公园城市现代农业生产体系

践行可持续发展理念，在增产端和减损端同时发力，推动农业生产链条全面提质增效，构建公园城市现代农业生产体系。一是通过农业生产为成都城市生态屏障构建提供助力，合理开发和利用城市的建筑空地和边角地，引入适宜生存的粮食作物营造城市景观，以公园建设守护城市绿地，促进农业生产与美化环境双向协同。二是推动农业生产绿色低碳转型，持续推进成都农业碳交易试点工作，构建与农业农村发展实际相适应的碳监测体系与碳评估体系，协同推进农业面源污染治理，实现农产品绿色低碳化生产。三是提升农产品贮藏流通水平，统筹农产品产销地及相关市场建设工作，构建更加完善的冷链物流仓储体系，增加物流配送网点，降低产品运输损耗及其他形式的流通损耗。

2.着力构建公园城市现代农业产业体系

充分发挥农业产业关联性广、延伸性强等特点，不断挖掘成都都市现代农业的复合功能，构建公园城市农业产业体系。一是以"大食物观"为基本指导，形成多元化的农产品供给体系，通过严守耕地保护红线和推动农业种业发展，持续提升都市农业供给功能，构建农林牧渔相结合、粮经饲统筹等于一体的保障性产业。二是加强农业产业多元化功能开发，以文塑魂、以农奠基、以旅彰文，挖掘农耕文明中的优秀文化资源要素，保障城市居民生态康养、娱乐观光等要求，推动农事研学、农耕体验等业态创

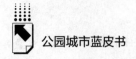

新，利用特色乡村旅游产业集聚优势，打造农商文旅体融合发展的支撑性产业。

3.着力构建公园城市现代农业经营体系

充分培育新型农业经营主体和城市参与主体，打造农业发展新主力军。一是着力推动新型农业经营主体培育和发展。培育高素质农民，发展农业职业经理人，持续提升农业经营管理水平；规范发展家庭农场与农民专业合作社，构建完善的组织制度，提升人员技术水平，促进农业质量与数量同步增长；鼓励农业经营主体通过要素合作、服务带动、订单农业等形式，建立更加完善的利益联结机制，扩大农业产业经营规模，有效带动小农户融入现代农业体系，共享现代农业红利。二是引导城市居民积极参与都市农业生产。大力宣传普及农业基本知识，宣讲都市农业发展前景，提升市民参与农业的意识和热情；制定中心城区农业产业发展的各项政策措施，鼓励都市现代农业专业化服务公司发展，为市民在城市空间打造城市花园、微型农场和城市果园提供专业化服务和指导；引导市民了解农业劳动课程，组织义务教育阶段的中小学生参加农业活动，促进其形成科学的农业认知，参与都市农业农耕实践活动。

（三）创新探索公园城市城乡融合发展路径

1.强化要素融合，推进乡村多元价值转化

一是着力提升乡村对城市资本、人才吸引力。把林盘聚落等具有乡村风貌特色的环境营造作为吸引点，为新知识群体、小众创业群体、独角兽企业群体创造生态化、小众化的生产空间和创新环境。二是以农商文旅体融合为路径深挖人文价值。坚持市场主导、以企业为主体、商业化逻辑，重点打造产城融合的产业功能区、具有吸引力的特色镇和魅力独特的川西林盘，强化功能植入、业态提升，将其建设成为高品质产业社区和令人向往的旅游景点景区。三是以场景营造为着力点提升市场吸引力。坚持"不策划不建设",以场景营造为产业植入提供空间场景和市场体验,依托"绿道蓝网"、林盘院落形成各具特色的消费场景和生活场景,提升引人、聚流、活商的作用。四是以价值核算为基础创新生态价值实现机制。在西部片区选择试点先行,开展生态产品价值核算评估试点,构建生态系统生产价值(GEP)核算体系,以市场机制促进生态资源和区域整体升值溢价,构建纵向生态补偿与横向区(市)县际生态补偿相结合的生态补偿体系。

2. 强化社会互融,探索乡村现代治理模式

一是探索建立"能人引路+村民共治"的乡村治理机制。突出参与、协商、共治等理念,充分发挥"新乡贤"、回乡创业人才、城市下乡资本等的带头作用,推进新乡贤文化和乡村社会结构有机融合,以公序良俗等非正式规则的形成提升乡村自组织能力,构建兼具乡土性与现代性的乡村治理新模式。二是继续探索基于常住人口的公共服务配置机制。研究建立城乡常住人口常态化统计机制;按照"人钱挂钩、钱随人走,人地挂钩、以人定地"的原则,健全农业转移人口市民化成本分担机制。三是持续提升城乡公共服务均等化水平。坚持普惠性、保基本、均等化、可持续方向,建立与超大城市人口发展相协调的城乡基本公共服务保障机制。

3. 强化全域统筹,优化农业区域分工布局

一是充分利用当地的资源禀赋,建立都市现代农业标准体系,制定科学的现代化农业发展专项规划。二是推动经济和行政区域的适度分离,因地制宜,设定远郊、近郊和城市区域农业发展攻关目标任务,推动农业要素的有效配置与自由流动。对于成都远郊区,要进一步夯实现有的生产基础,实施耕地保护政策,兴建高标准农田,生产高附加值新型农产品;对于成都近郊区,要打造现代化农业园区,促进农业资源要素科学合理向现代化园区集聚,拓展高品质产业发展空

间，形成多元融合的农业消费场景，缓解城市农产品供给压力；对于城市区域，要大力推动农业科技创新，充分利用阳台、屋顶等各种开放型城市空间构建新型城市农场，不断推动产业城市融合和农业跨界融合。三是融合城乡发展空间，规划形成南城北林永续发展格局，以绿道体系串联南城北林，形成"一心三轴两环"空间结构，基本实现大美乡村与现代城市交相辉映、人城境业和谐统一。

4. 强化制度保障，促进公共资源科学配置

一是抓住乡村全面振兴、农业现代化、新型城镇化以及成渝地区双城经济圈建设的时代契机，统筹推进现代都市与现代农业产业生态圈建设、农村大美公园形态塑造、农商文旅融合发展，坚持人民立场，贯彻以人民为中心的发展理念，实现城乡融合发展试验区建设依法依规统筹推进。二是加强各级政府、有关部门和社会组织的协同配合，建立健全上下贯通、各司其职、一抓到底的乡村振兴工作体系，在明确城乡融合发展的各相关要素主体、相关政策法律法规、相关部门的职责边界等基础上，进一步理顺城乡融合发展的内在逻辑，高质量推动城乡要素有序流动、城乡市场健康发展。

（四）深化公园城市农村经济体制机制改革

1. 深化农村土地制度改革

一是全面统筹产业功能区和郊区新城重大项目的发展需求，盘活用好低效闲置的存量土地资源，发展新产业、新业态，根据资源禀赋和历史文化条件把撤并乡镇转化为特色街区和特色产业功能区。二是完善农村存量用地盘活政策，全面推进土地资源存量盘活与新增指标"增存挂钩"，建立"统一管理、公开交易"的动态调整机制。

2. 深化农村集体产权制度改革

一是大力推进农村土地制度改革，完善承包地"三权"分置制

度，扎实抓好集体经营性建设用地入市改革试点，探索建立集体经营性建设用地增值收益分配机制，依法开展集体建设用地建设租赁住房试点，探索宅基地依法自愿有偿退出有效路径。二是更大力度推进农村集体资产股份化改革，深入开展集体资产清产核资和股份量化，规范发展股份经济合作社等新型集体经济组织。

3.深化农村金融服务综合改革

一是以发展农村普惠金融为重点加快完善金融组织体系，鼓励发展新型农村普惠金融机构和组织，支持金融机构和支付机构在农村延伸经营网点，推广应用网上银行、手机支付等服务方式。二是以建设"农贷通"等平台为载体加快完善农村金融服务体系，探索农村金融、产权交易、农村电商"三站合一"模式，健全农村产权抵押担保、融资风险防控机制。

参考文献

林毅夫：《中国的城市发展与农村现代化》，《北京大学学报》（哲学社会科学版）2002年第4期。

国务院发展研究中心农村经济研究部课题组：《中国农业现代化与农村现代化协调发展战略研究》，《农业经济问题》2023年第4期。

彭骏、朱丽、杨雨婷：《成都：农业让都市更美好》，《四川省情》2021年第5期。

周娜：《乡村振兴视角下实现农业现代化的路径探析》，《理论探讨》2022年第2期。

陈锡文：《中国农业发展形势及面临的挑战》，《农村经济》2015年第1期。

张红宇、张海阳、李伟毅等：《中国特色农业现代化：目标定位与改革创新》，《中国农村经济》2015年第1期。

于法稳、林珊：《中国式现代化视角下的新型生态农业：内涵特征、体

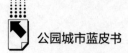

系阐释及实践向度》，《生态经济》2023年第1期。

文军、陈雪婧：《城乡融合发展中的不确定性风险及其治理》，《中国农业大学学报》（社会科学版）2023年第3期。

贾晋、范梓愉：《统筹城乡改革新逻辑》，《乡村振兴》2020年第5期。

曾福生、高鸣：《中国农业现代化、工业化和城镇化协调发展及其影响因素分析——基于现代农业视角》，《中国农村经济》2013年第1期。

韩春虹：《小农户参与现代农业发展：现实特征、实现基础与机制构建》，《世界农业》2022年第3期。

陈仕印：《成都如何推动三次产业融合发展促进农业现代化?》，《成都日报》2022年12月30日，第10版。

实践探索篇
Practice and Exploration Reports

B.6
公园城市现代化生态旅游区
实践探索

成都市彭州社会科学界联合会课题组*

摘　要： 成都市彭州坚持"绿水青山就是金山银山"理念，厚植生态本底、注重价值转化、突出场景营造，依托北部山区龙门山、通济、白鹿、丹景山、葛仙山、桂花6个以生态旅游为基础的特色镇，集中连片规划建设龙门山湔江河谷生态旅游区，并以其为承载，强化产业转型升级，持续深入打好污染防治攻坚战，大力发展山地运动、生态康养两大主导产业，协同发展乡村民宿等特色产业，全力打造"生态为本、文化为魂、产业为基、旅游为体、运动为乐"的国际山地旅游目的地，努力构建人与自然和谐共

* 执笔人：周煜，成都市政协委员、彭州市社会科学界联合会主席；郝凯，彭州市龙门山湔江河谷生态旅游区管委会工作人员。

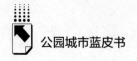

生的发展新格局，让"推窗见绿、出门见水、处处见景"成为市民幸福生活的标配。

关键词： 生态产品　可持续发展　人与自然和谐共生　成都

彭州坐落于龙门山脉与成都平原交界处，冰川融水与大气降水在此汇聚，形成湔江，湔江蜿蜒流淌，直至冲出山谷、湔水九分，孕育出广阔的平原。太子城峰原始森林、湔江河谷和广袤良田共同塑造的这片土地，是古蜀国建都立业的核心地区，3000 多年前即有彭人在此生息繁衍，素有"天府金""蜀汉名区"之美誉。彭州辖区面积 1421 平方公里，拥有良好的生态本底，年平均气温 15.7℃，空气质量优良天数达 300 天以上，森林面积达到 90.8 万亩，湿地面积 3.91 万亩，斜跨彭州北部的龙门山脉生态地位突出，是长江上游"天府之国"重要生态屏障、大熊猫生存和繁衍的关键区域和"基因走廊"，是全球生物多样性宝库。

2005 年 8 月，在浙江安吉余村，时任浙江省委书记的习近平同志创造性地提出"绿水青山就是金山银山"的重要理念。18 年过去了，"绿水青山就是金山银山"这句深富内涵、极具韵味的经典论述早已成为中国人民耳熟能详的"金句"，润物无声地融入了人们的日常生活之中。2022 年 10 月，党的二十大报告指出，必须牢固树立和践行"绿水青山就是金山银山"的理念，站在人与自然和谐共生的高度谋划发展，这就是要深化对人与自然生命共同体的规律性认识，将之作为制定国民经济和社会发展规划的科学依据，并将生态文明建设目标纳入国家经济社会发展规划中。

一　现状成效

（一）错位协同规划，筑牢"一区多园""各有千秋"的生态本底

构建了湔江河谷为发展轴，龙门山镇、通济镇、白鹿镇、丹景山镇、葛仙山镇、桂花镇、天台村7个特色镇村为极点的"一区多园、七星耀江"总体布局。规划了山地运动度假总部基地、国际户外探索基地、全天候运动进阶基地"三大基地"，以及水上运动公园、峡谷运动公园、山地探险公园、滑翔公园、冰雪运动公园、自然探索公园"六大公园"。通过产业错位协同互补，形成了古镇通济、音乐白鹿、龙门宝山、生态白云、竹韵磁峰、运动仙山、花开丹景"龙门七镇"竞相发展态势。同时，依托规划形成总长约315公里的湔江绿道、湔山云道、湔峰步道"三级步道体系"串联，自下而上形成山地旅游"产品升级、体验升级、消费升级"的梯度发展格局，推动全域旅游纵深发展。

（二）发展山地旅游，开启"结构转型""产业振兴"的时代篇章

"十三五"期间，淘汰落后产能近600户，关闭（退出）小水电25座，完成既有公共建筑节能改造9.3万平方米，清理整治散乱污工业企业1220家，空气质量优良天数从191天增加到303天，3个地表水环境质量考核断面全面达标，集中式饮用水水源水质100%稳定达标，土壤环境质量保持稳定。累计签约引进成都龙之梦旅游度假区、湔江河谷文化博览生态旅游岛等20个总投资441.8亿元的产业化项目，建成了白鹿钻石音乐厅、大熊猫国家公园入口展示中心等特色场景，打造了云上餐厅、藤原豆腐店、鹿

野花塔、广达窑艺等 60 余处消费场景，连续举办了 4 届龙门山民宿发展大会、10 届白鹿·中法古典音乐艺术季、39 届天彭牡丹花会，创新举办湔江河谷赏花行、冰雪嘉年华等特色活动 100 余场，吸引中央电视台、《人民日报》、新华网等各级新闻媒体宣传报道上千次，成功创建第二批国家级夜间文化和旅游消费集聚区、国家级民用无人驾驶航空试验基地和四川省现代服务业集聚区，2022 年接待游客 1755.93 万人次（同比增长 4.95%），实现旅游总收入 101.01 亿元（同比增长 25.79%），村民人均收入超 3万元。

（三）生态价值转换，实现"亲近自然""和谐宜居"的乡村愿景

"民宿点亮乡村、艺术对话世界"的民宿产业发展路径，促进形成了资源活化利用、城乡融合发展、产业生态构建、群众利益联结等机制，吸引了浮云牧场、大乐之野等 12 个全国知名民宿品牌入驻，打造了"揽山间美景、容四季万象"的龙门山·柒村民宿产业园，累计建成无所事事、半盏山房等 56 家特色品牌民宿（无所事事等 2 家民宿获评"天府旅游名宿"，半盏山房等 3 家民宿获评"成都市首批精品民宿"，熊猫的森林等 4 家民宿上榜"成都旅游民宿 60 强"，柒宿·溪驻等 2 家民宿通过全国首批《乡村民宿服务质量规范》认证并在国家认监委备案），民宿产业园区所在镇盘活闲置集体资产 14 亿元，人均年收入增长 3000 余元，推动 12 个"空心村"转变为"产业社区"，4 个村获评省乡村振兴示范村，龙门山·柒村获"中国最佳民宿度假目的地"，有效实现民宿全产业链生态的构建，提升乡村宜居宜业功能，为打通"两山"的双向转换通道、建设立体山水公园城市找到"金钥匙"。

二 工作举措及创新做法

（一）依托独具特色的高山河谷生态资源优势，规划人与自然和谐共生的立体山水公园城市

为缅怀古蜀先民，借鉴古人在面对自然环境时"湔水九分"的主观能动性，依托"六山一水三分坝"的自然格局以及彭州北部山区4000余米的海拔落差，尊重生物多样性及天然地形地貌和历史遗迹，以旅游产业为发展基础，筑牢龙门山生态屏障，通过广撒"英雄令"，在全球征集龙门山湔江河谷生态旅游区总体设计概念方案，对标先发地区，找准自身定位，高起点、高标准画定了"立体河谷、七星耀江"的总体布局蓝图。在概念方案的基础上，邀请国内外知名设计单位编制了《龙门山湔江河谷生态旅游区总体规划》《龙门山湔江河谷生态旅游区产业规划》等相关规划，形成从水岸到山顶的"云下大众运动服务带、云中运动进阶体验带和云上专业运动挑战带"的"一谷两麓、立体三带、三级体验"空间体系，把现代旅游、产业生态圈的发展理念、刚性约束融入规划中，确保功能区实现集约、绿色发展，曾经孕育古蜀文明的湔江河谷转型成为体现新发展理念的现代滨水空间，徐徐铺展开立体山水公园城市画卷。

（二）坚持产城融合的产业转型绿色发展理念，打造人与自然和谐共生的山地旅游度假胜地

坚持把生态优先、绿色发展作为主旋律，大力调整产业结构，关闭污染型、资源型、高耗能企业，全面退出砂石资源行业，立足最具比较优势的龙门山等旅游资源禀赋和品牌资源优势，按照"旅游+"理念，明确了"山地运动、生态康养两大主导产业，民宿、露营、无人机、音乐艺术4个特色产业"的"2+4"产业发展思路，深挖本

地特色资源，突出音乐、森林康养、川剧、白瓷、陶艺、民宿等主题，打破行政区划，重构生产、生活、生态空间，瞄准高能级项目及细分领域，开展以商招商、补链招商，加大亿元以上产业化项目招引力度，积极引导资金、产业、人口向特色园区集聚，推动"一镇一业一特色"发展。同时，聚焦"吃住行游购娱"因地制宜打造"宜游宜购宜娱宜宿"新场景，逐步呈现天彭门、丹景山、蔡家山、止马岛、海窝子、通济场、龙之梦、白鹿顶、熊猫谷、宝山村等湔江河谷"十大场景"，推动全域旅游创新发展和全域城乡融合发展，打造人与自然和谐共生的山地旅游度假胜地。

（三）抓实点面联动的生态价值持续转换途径，建设人与自然和谐共生的幸福乡村魅力彭州

以"两项改革"为契机，打破行政边界壁垒，在龙门山脉生态资源丰富的2镇7村，梳理办公用房、闲置宅基地、废弃工矿用地等优质民宿点位100余个，规划打造18.7平方公里的龙门山·柒村民宿产业园。活化利用农村宅基地、办公用房、废弃集体建筑，规划建设精品民宿，形成"4个民宿聚落+2个乡村公园+6个生态片区+4个度假组团"的空间布局。深挖林盘、山水、非遗等特色资源，大力发展"民宿+"，形成民宿+文创、花卉、露营等产业集群，构建"1个民宿产业园+10个乡村旅游片区"的产业联动模式。以精品民宿为链主，拉动本地家居家纺、文化创意、农（副）产品定制化生产，形成集特色餐饮、农耕体验、工艺研学等于一体的新兴业态，推动单一低端消费向多元高品质消费转型。以精塑"风景、风情、风尚"民宿聚落生态景观体系为抓手，落实"景区化、景观化、可进入、可参与"要求，锤炼"生态美、百姓富、产业兴"的生态价值转化"金钥匙"，持续实现美丽乡村"生活有品质、生态有修复、生产有赋能"。

三　发展构想

（一）坚持规划引领，明确人与自然和谐共生发展方向

坚持高标准、严要求，强调对标对表，将绿色发展理念融入旅游区各项顶层设计规划编制中，确保旅游区始终践行绿色生态发展之路。推动生产要素向绿色生态平衡，谱写绿色发展"施工图"，满足人民群众对良好生态环境的需要，让天更蓝、山更青、水更绿，处处呈现望得见山、看得见水、记得住乡愁的大美乡村底色。

（二）坚守绿色理念，促进绿色生态宜居

旅游区坚持保护和开发并重、传承和创新齐抓，通过调整产业结构，明确产业发展方向，严格产业准入，依托产业建圈强链，蹚出一条绿色发展生态新路。结合实际确定山地运动和生态康养两大绿色产业发展方向，以绿色经济为本地发展强基固本，以绿色发展助力产业兴旺，带领群众走可持续的绿色发展之路，做足人与自然和谐共生的现代化功课。

（三）构建价值体系，多元参与撬动乡村振兴绿色经济

采取"集体经济+国有公司、社会企业"投运模式，建立"持产者、开发者、建设者、经营者"利益联结机制，形成政府、企业、群众等多个主体参与的治理体系，在政府调控和市场调节下构建统一的价值体系，为传统生产方式画下生态红线的同时积极挖掘新型生态产品的市场价值，实现"经济与生态"两条腿走路。在守护好绿水青山的大前提下，挖掘和培植本土特色，积极探索生态价值转化的新路子，让老百姓充分享受绿色发展的生态红利，带领群众在保护中开发、在开发中保护，让自然财富、生态财富源源不断地转化为经济财富，为人与自然和谐共生增添亮色。

B.7
人城产有机融合的公园城市
现代化产业功能区建设实践

邛崃市社会科学界联合会课题组 *

摘　要： 党的十九届五中全会提出建设人与自然和谐共生的现代化，进一步丰富了现代化建设的内涵，区域的可持续发展离不开人与自然和谐共生的现代化。本报告主要回顾了产业功能区在探索与实践人与自然和谐共生现代化中的现状和成效，总结了天府新区新能源新材料在优化顶层设计、构建产业生态、配强资源要素、创新机构改革、破解融资难题等方面的工作举措和创新做法，提供了产业功能区探索实践人与自然和谐共生现代化的典型案例，并对产业功能区的可持续发展，特别是塑造"人城产"新样本，提出了发展思路。

关键词： 绿色生态　产业集群　城市发展　成都邛崃

　　近年来，邛崃市坚持以习近平新时代中国特色社会主义思想为指引，紧扣国家"双碳"战略部署，围绕省委"一干多支、五区协同""四向拓展、全域开放"决策部署，以成都建设践行新发展理念的公

---

　　* 执笔人：谢燕刚，邛崃市社科联主席；谢旭，天府新区新能源新材料产业功能区发展服务局副局长；张强，天府新区新能源新材料产业功能区发展服务局战略研究中心主任；徐游，天府新区新能源新材料产业功能区发展服务局工作人员。

园城市示范区为统领，以绿色低碳发展为先导，抢抓国家战略性新兴产业发展机遇，深入推进产业建圈强链行动，率先锚定新能源、新材料等战略性新兴产业，遵循自然肌理，优化空间格局，整合要素资源，完善功能配套，推动"人城产"有机融合发展，建成规划面积30余平方公里的天府新区半导体材料产业功能区（以下简称"产业功能区"），积极探索人与自然和谐共生的现代化表达。

一　现状成效

（一）初步构建城市与自然相融交织的生态格局

坚持生态优先、绿色发展理念，产业功能区以泉水湖湿地公园为城市生态绿心，以斜江河、南河、小南河水系为生态基底，以"八纵六横"区域交通网络为骨架，科学布局生态景观、城市绿化、慢行绿道、口袋公园等，串联沿线生态资源，形成"出门见绿、移步即景"的绿色高颜值，打造城市与自然相融交织的绿色生态发展格局，不断壮大绿色低碳优势产业集群。

（二）正在形成新能源新材料特色产业集群

以打造世界级动力电池及储能材料生产基地为目标，构建人城产和谐发展新蓝图，产业功能区已形成年产电池级锂盐 2 万吨、磷酸铁锂正极材料 8 万吨、负极材料 31 万吨、隔膜 63.4 亿平方米，分别满足成都市已签约动力电池产能（215GWh）16%锂盐需求、16%正极材料需求、96%负极材料需求和 227%隔膜材料需求，是成都市唯一在正极、负极及隔膜三大电池主材均有布局并实现量产的区域。以上海璞泰来为代表，建设了全球最大的负极材料生产基地、全球首条幅宽最大的隔膜生产线，融捷锂业、天津爱敏特等已成为宁德时代、比

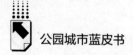

亚迪、中创新航、亿纬锂能等新能源电池头部企业在西南地区供应链的重要支撑。产业功能区于 2019 年成功获评四川省新型工业化产业示范基地（新能源新材料），2022 年成功获评成都市绿色低碳产业——动力电池及储能产业主承载地，建成成都市新材料产业知识产权赋能中心，进一步提升了区域产业辨识度，赋能产业腾飞发展。

（三）积极创建跨区域创新合作样板示范

围绕产业创新赋能，努力构建现代化产业体系，加速实现产业协同和区域经济高质量发展，推进以科技创新为支撑实现人与自然和谐共生的现代化。成功与甘孜州合作共建成都—甘孜工业园区，依托"飞地"园区优势，融捷锂业、天津爱敏特等企业享受甘孜州留存电量与电价优惠政策。探索行政地理与经济地理的适度分离，与国家级新区天府新区共建"总部+基地""研发+生产"的跨区合作模式，在天府新区异地打造"邛崃·创新交流中心"科创飞地样板，成功入驻科研团队 10 余个。聚焦成都市"三个做优做强"，依托天府新区、新津区、邛崃市地域相邻、资源互补、产业同链优势，共建成都市 24 个重点片区之一——蓉南新兴产业带，充分发挥土地、资金、技术等资源要素跨区域协作配置作用。深化产学研用一体化平台建设，与四川大学、重庆大学、成都大学、重庆电子学会、天府国际技术转移中心等高校院所及平台签订战略合作协议，共建创新创业孵化平台、服务分中心等，营造良好的科研创新氛围。

（四）打造全国一流营商发展环境

蓄势赋能产业发展，激发市场主体活力，带动现代化产业新城建设，实行行政审批流程下放，在产业功能区新成立行政审批羊安分中心，受理下放 42 项行政审批事项，为企业、群众提供便捷高效的"管家式"全程代办服务，实现"办事不出功能区"。推行"项目专员"服务，采取专职、兼职、挂职等方式为企业选派"项目专员"，"一对一"全程当好服务员、协调员、督办员，全程营造无感审批、有感服务氛围，九远锂能（一期）从签约到投产仅用 4 个月即实现日产锂电池 20 万颗产能，锐芯科技从项目签约至建成投产仅用 1 年时间。强化产业人才引领支撑，先后出台《邛崃市加强新能源新材料产业发展人才政策十二条》、"人才金卡"实施方案等政策，在成都首创性开启"人才专车"异地通勤服务，新建 778 套人才公寓已陆续向上海璞泰来、九远锂能、锐芯科技等企业交付，累计入住企业人才 400 余人。

二 工作举措与新做法

（一）以区域发展为中心，优化顶层设计

坚持规划引领，立足生态、生活、生产空间融合和宜创宜居宜业城市功能布局，突出绿色生态发展理念，聘请中国城市规划设计研究院完成总规编制，上海同济城市规划设计研究院实施控规编制与城市设计，戴德梁行编制产业发展规划、"十四五"发展规划，明确发展定位、找准发展路径、优化产业结构、重塑城市格局。按照成都市产业"八个清"要求（即产业前沿、链主企业、技术路线、领军人才、产业基金、资源能耗、平台资源、安全），结合产业功能区自然资源禀赋，高质量编制新能源电池、半导体材料产业图谱，科学指引区域产业与生态融合协调发展。

（二）以项目引育为核心，构建产业生态

探索人与自然、生态与产业和谐共生，推进产业与生态"比翼齐飞"。遵循"链主聚集链属、头部引领集群"工作思路，聚焦动力

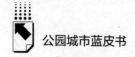

电池及储能材料、新材料等主导产业，成功招引全球锂离子电池负极与隔膜材料头部企业上海璞泰来投资 146.8 亿元建设负极和石墨一体化、基膜和涂覆一体化、锂电设备项目，签约落地亚洲第一大的甲基卡锂辉石矿企业融捷锂业、负极材料新三板企业广东羚光、知名锂电设备厂商江苏博涛、知名消费电池企业九远锂能等 10 余家动力电池及储能产业链企业，构建"电池材料—设备制造—电池总装—终端应用"的产业生态；成功引进涂料行业三大巨头阿克苏诺贝尔、立邦涂料、三棵树，国内领先的毫米波有源相控阵系统专业提供商锐芯科技、具备全球芯片切割刀具核心技术的成都希桦，聚集产业人口 2 万余人，构建以绿色涂料、半导体材料为代表的新材料产业集群。

（三）以场景营造为重心，配强资源要素

坚持公园城市发展导向，深入贯彻绿色生态发展理念，在功能区建成 2111 亩泉水湖湿地公园，大力打造绿地、社区公园、慢行绿道等，形成错落有致的绿色生态画卷。针对产业配套、生活服务薄弱问题，新布局会议中心、进口保税仓，建成羊安新城科创中心、独角兽工场、综合运营中心等 5 万平方米科创载体与 30 余万平方米标准化厂房，夯实产业配套基础。以 2110 亩泉水湖湿地公园为生态绿心，有机植入智慧运动秀场、湖畔驿站、公园民宿、特色商业街区、商务酒店等多元运动休闲与消费场景，打造全国首个景区化运动主题公园，丰富生产生活业态形态，释放功能区绿色发展活力。成功引进四川交通职业技术学院、北京大学一级校企北大金秋高品质高中及幼儿园、成都市第三人民医院，打造区域教育、医疗高地，已形成人口规模达 10 余万人的生态产业新城。

（四）以机构改革为保障，激发干事活力

探索法定机构改革。作为成都市"首批试点、首个挂牌"的法

定机构，2020年12月成立天新产业功能区发展服务局，以去行政化为目标导向重构产业功能区组织架构，实行以业绩为导向的分配体制的企业化管理，推动发展服务局实体化市场化运营，探索构建实现"局司合一"的企业化组织模式。实施扁平化管理，推行产业功能区"大党工委"领导下的高效决策管理体制，即发展服务局+平台公司+街道+政务服务中心，推动决策程序扁平化，为协同高效推动开发建设提供了重要支撑。

（五）以市场融资为根本，破解建设难题

牢固树立公园城市理念，突出产城融合、职住平衡、绿色生态，柔性布局"生产、生活、生态"大尺度空间，采取"国有公司引领投资+社会资本积极参与"的投融资方式，统筹区域资源和关键要素，动态平衡片区建设运营成本。创新运用绿色债、专项债、境外债等投融资方式，成功发行西南地区县级国有公司首单海外高级美元债、全国首笔银保联合境外债券、西南地区首单县级市欧元债券、成都市AA平台首只绿色企业债券，出资参股成都重产基金（二期），与成都科创投组建天新半导体产业发展基金，筹集资金近125亿元，充分保障2111亩泉水湖湿地公园、120万平方米标准化厂房、成都市第三人民医院邛崃医院等66个功能性项目落地实施，为生态构建、城市建设、产业发展提供坚实保障。

三　发展构想

坚持创新城市规划发展理念，塑造人城产新样本，探索人与自然和谐共生的现代化表达。以产业功能区内的斜江河、南河、小南河为自然本底和生态廊道，铺展大尺度生态空间，以聚水成珠的思路规划建设泉水湖湿地公园，构建"三河"环珠、蓝绿交织的城市生态绿

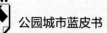

心，筑牢城市发展生态基底。完善城市空间布局，调整优化生产、生活、生态空间比例，以泉水湖湿地公园为中心，以"三河"为廊道，以先进制造业集聚区、产教融合试验区、产城融合示范区为载体，构建"一湖、三河、三区"的现代化绿色生态产业新城。

（一）打造世界级生产基地

先进制造业集聚区按照"链主聚集链属、头部带动集群"模式，以打造世界级新能源电池材料生产基地为目标，发挥上海璞泰来、融捷锂业头部企业引领带动作用，强化电池总装、铝箔、铜箔、终端应用等产业链环节项目引进和培育，超前布局钠离子电池、钒电池新赛道。

（二）打造产业创新策源高地

跨区域组织经济工作，探索经济地理与行政地理适度分离，示范开展"双向飞地"产业成长新路径，做实"总部+基地""研发+生产"模式。产教融合试验区依托超百万平方米的标准化厂房优势，打造全面承接天府新区科研成果转化和制造企业落地的"顺向飞地"，以兴隆湖畔邛崃·创新交流中心为载体，布局科研、总部等服务功能，打造"逆向飞地"。加快四川交通职业技术学院落地建设，引导更多高校院所、平台机构搭建产学研用一体化平台，强化区域科研创新与成果转化。

（三）打造宜业宜居产业新城

产城融合示范区依托"八纵六横"交通网络，织就生态绿廊，布局景观节点，围绕泉水湖生态核心，形成科创办公、商业服务、生态游憩、品质居住的多元功能组团，培育新兴商业业态，构建市民未来生活场景和"一刻钟"公共服务配套圈。

B.8
"互联网+"背景下公园城市
智慧教育的探索实践

周德溶　陈昱颖*

摘　要： 推动学前教育的普及普惠。成都以"教育营城"理念推进教育更新，通过建设智慧环境、智慧管理、智慧家园合作、智慧课程等主要做法，探索幼儿园智慧教育模式。以"互联网+"的公园城市智慧化教育，推动公共资源的科学配置和公共服务的普惠共享，为市民打造更为便捷、更有品质、更加幸福的生活家园。深化智慧教育建设，聚焦扩大城市公共服务的普惠覆盖，民生有感，实现了"扩量"与"优质"相得益彰。实现教育良性循环，加快呈现有温度的公园城市教育样板。

关键词： "互联网+"　公园城市　智慧学前教育　成都

一　现状成效

向市民开放优质、均衡的公共教育资源，全方位营造宜居美好生活环境、大力增进公园城市民生福祉，是推进建设践行新发展理念的

---

* 周德溶，成都市第二十二幼儿园副园长，中小学一级教师；陈昱颖，成都市第二十二幼儿园保教副主任，中小学二级教师。

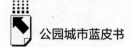

公园城市示范区工作的核心内容。市民对公共服务的品质、规模、数量、区位的需求标准不断提升，对城市的公共服务设施建设提出了新的要求。公园城市除了突出生态服务功能以外，还要强调城市公共服务的均等化和优质性。教育关乎每个家庭的幸福和城市未来的发展，提供优质教育服务，是成都加快高品质生活城市建设的重要行动之一。办好人民满意的教育，坚持社会主义办学方向，落实立德树人根本任务，推进教育高质量发展，让更多人通过知识成就出彩人生。

2019 年，成都市武侯区入选首批"全国智慧教育示范区"，区域发展的战略布局为加快提升区域教育现代化水平带来新的历史机遇。新产业技术和信息技术的广泛运用，为教育创新提供了崭新平台，智能化的幼儿园正在迅速崛起，这不仅有助于提高教学水平，而且是推动素质教育的重要举措。在武侯区智慧教育示范区的引领下，成都市第二十二幼儿园推进信息技术工作已有多年，在硬件上结合实际情况完善与安装了各类信息化设备，包括各班级的智能晨检机、投影、智能图书馆系统、打印机、传真机等信息查询和传输设备；并指导教师利用"武侯教育智汇云"平台、"读懂儿童系统"、鸿合教学一体等进行教育教学，同时建有微博、微信公众号、QQ 群、微信群等方便宣传与交流。通过这种方式，大幅度提高了幼儿园的运营效率，并实现幼儿园的最高愿景，让幼儿在智慧环境中健康成长。

（一）幼儿园方面

科学管理幼儿园是提升办园质量和人文内涵的必要前提。首先，智慧幼儿园的建设，无论是更新基础设施设备、甄选各种系统和软件，还是建立各类保障机制，都是幼儿园管理实现科学化和规范化的体现；其次，园所最大限度地整合各类有效资源，将资源充分、合理、有效地运用到实际的教育教学及工作中，极大地提升了工作效率；最后，智慧幼儿园的建设给幼儿园教育工作注入了新的活力，给幼儿提供了一个更加良好的环境，让幼儿能够在幼儿园健康成长、全面发展。

（二）教师方面

在智慧幼儿园的建设过程中，教师学会了以信息手段落实沟通交流工作，学会了有效整合各类素材，为幼儿拓展丰富学习资源，更是学会了利用信息技术提升自己的工作能力和效率。教师的眼界有效拓宽，思路更加灵活，注重对一些创新性理念的有效融入，与幼儿共同成长。不仅如此，教师还通过信息技术类的培训、竞赛、研修等形式多渠道提升自身的信息素养。同时，教师自身树立了学习发展意识，顺应时代发展需求，提升自身素养，在不同挑战的推动之下，教师树立远大的理想、终身学习的观念，园所教师队伍的整体素质就得到了提升。

（三）幼儿方面

智慧幼儿园的建设中，幼儿园教育合理应用信息化技术手段，课堂教育氛围十分活跃。这种氛围会让幼儿拥有良好的"知识认知体验和情感领悟体验"，幼儿的心智能力也基于这样的环境氛围得到迅速的发展。最为重要的是，这种氛围下的幼儿参与性比较强，他们会配合教师完成教师所提出的学习任务，并积极参与到教学活动当中，活动实践可以有效加强他们的语言表达能力和实际操作能力。也就是说，幼儿园教育信息化有助于提高幼儿的综合学习能力和多元表现能力。

二 工作举措与新做法

（一）建设智慧环境

以"互联网+"为背景，打造智慧环境可以从升级硬件设施上入手。智慧的幼儿园环境应该是既舒适又安全的。例如，通过智能设备获取环境温湿度、空气清新度等信息并进行噪声检测以及光环境打造，按照规定的参数控制和调整各种环境因素，为幼儿创造舒适的生活和学习环境。考虑到幼儿的安全问题，借助互联网技术配置人脸识别系统，有效管理幼儿的出入，保障幼儿的安全。为消防设备安装电子标签，将消防设备纳入线上监管系统，方便安全工作相关人员进行管理。为了有效促进幼儿的发展，还需要教师全面地掌握幼儿的信息数据。

（二）智慧管理

管理幼儿园的工作非常重要，不仅要关注孩子的日常生活，还要关注教师的专业技能。为了提高管理效率，必须不断提升幼儿园的管理水平。为了实现这一目标，幼儿园使用电子档案、监控设备和登记系统来收集和存储孩子的饮食、活动和卫生保健信息，然后将这些信息传输到所有需要的接口。为了更好地实施幼儿教师管理，幼儿园采用智能考勤和智能协调办公系统，以激发教师的积极性和主动性，从而推动幼儿教育的发展。

通过利用先进的信息技术，搭建全面的、高效的幼儿园管理系统，以满足不断变化的需求。为此，幼儿园利用"武侯教育智汇云"平台，收集和整合了园长、教师、保育员、后勤等各方面的数据，形成了一个全面的、可视的、数字化的档案系统。这个平台为教师提供了多项功能，包括提前申请休息、分享课程内容、展示课堂记录和家长交流，帮助教师提高工作效率，提升工作质量。此外，还允许教师把课件、反馈和照片等内容发布至该系统。有益于教师做好个人信息保护工作。利用APP，对所有孩子的个人资料进行记录，包括他们的名字、年龄、性别、居住地点和亲属关系。此外，APP也提供了健康管理功能，可以让孩子们的早餐状态随时随地被记录，同时也可以向家长发布早餐的消息，从而使教师和家长、孩子保持密切的沟通。

（三）智慧家园合作

在智慧教育的背景下，将互联网信息技术充分运用于家园共育模式已成为当前幼儿园运行的主要实践方式，是提升保教质量的时代要求。根据幼儿园现有的实施方式，将家园共育的途径锁定于常用的社交软件平台，如微信群、QQ、微信公众号/视频号等，以推送家园共育资源。这些工具既方便教师进行资源发布，也方便家长阅读。在大型活动中，幼儿园还会通过与电视台合作等方式拍摄育儿资源。在选择家园共育技术平台时，也考虑其操作的简易性。对于家长来说这些是常用便捷的平台，资源与信息的传递涉及音频、视频甚至是网络直播、线上会议等各种形式，会综合考虑选择出几个实用的技术平台，建立起稳定的家园沟通渠道，具体技术平台如表1所示。

表1　家园共育技术平台

技术平台	说明	主要作用
微信	家长使用率很高的技术平台,是大家日常的沟通交流工具。可以上传图片、音频、视频,操作简易快捷	①信息传递 ②教学图片、音频、视频共享 ③幼儿情况一对一沟通指导
QQ	文件储存时间长,利于幼儿在园生活学习照片的传递。相册共建,家长也可参与	①重要文件传递 ②照片上传、保存
微信公众号/视频号	作为幼儿园文化输出的重要部分,有利于家长全面了解幼儿园的整体文化精神与理念,为家园共育助力	①园内制度公开 ②大型活动邀请发布 ③重要信息通知 ④典型活动展示
腾讯会议/钉钉	可以进行多人会议,线上会议操作简便快捷	①线上家长会 ②线上班级活动 ③线上家长开放日
美篇	班级教师进行家园分享的重要工具,主要可展示班级活动、分享日常生活、交流与反思	①班级活动展示 ②线上交流分享 ③日常生活记录

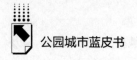

（四）智慧课程

互联网以及信息技术的广泛运用，突破了传统的课程模式，将课程资源以图像、动画、声音等形式呈现给幼儿，使幼儿园课程五大领域能有效整合起来，充分调动幼儿参与课程活动的积极性与兴趣。通过信息技术与幼儿园课程的互动性双向整合，可以有效地促进幼儿的认知、社会性发展。运用信息技术，通过创设学习情境，教师可以为幼儿创造数字化、多样化的学习环境，将信息技术融入幼儿生活活动、游戏活动、教学活动之中，使幼儿园课程在实施过程中富有生命力，从而促进幼儿学习与发展。例如，在教授幼儿认识蔬菜时，可以播放一些不常见的蔬菜图片来吸引幼儿的关注，从颜色和形状的视觉感官上给幼儿造成强有力的冲击，让他们充分认识到蔬菜的丰富多样性。基于现代社会的发展现状，还要积极探索人工智能设备的应用，帮助教师更好地掌握幼儿的动态，从而实现因材施教的目的。

三 发展构想

（一）部署坚实

基于幼儿园应用数据繁多的现实，云计算技术可以减轻数据存储和分析压力。考勤管理、膳食管理、监控系统等数据，为了调配方便应该部署在幼儿园内。财务系统、档案管理等隐私性质较强的数据就应该部署在园内的私有云上。而一些办公系统以及对外展示的门户网站则可以部署在要求不高的公有云上。与此同时，随着微信、QQ等软件的应用普及不断深入，还应该在这些软件终端上部署相应的小程序。

（二）循序渐进

智慧幼儿园的建设并不是短期的工作，也不是单独的个体可以完成的。在建设之初，难免会因为这是一项新事物而遭到质疑，在建设过程中需要做好宣传引导工作，帮助幼儿园教师树立正确的思想意识，循序渐进地开展建设工作，做到让每一个人都能够接受。随着科技的不断进步，当前应用较为合适的智慧化管理形式可能过段时间就被社会所淘汰。面对种类繁多的技术手段，只有循序渐进地在教师和家长中进行普及和推广，才能实现智慧手段的可持续发展，才能真正激发智慧建设的内在动力。

（三）合理筛选

当前幼儿园很少有专门的信息技术人员。幼儿园要进行智慧化建设，势必要购买社会服务。但是当前社会服务市场商品质量参差不齐，只有采购人员擦亮眼睛，挑选出适合幼儿园实际的社会服务，才能促进幼儿园的智慧化建设；反之，则只能浪费教育资金，加重教学负担。

（四）有效整合

幼儿园智慧化建设的目的是提升幼儿园的工作效率，将传统、低效的工作方式通过互联网技术手段的应用变得更为高效。如果要使用新型技术手段，还要沿用传统工作方式，无疑是画蛇添足。因此在开展线上的智慧应用时，要对传统线下工作中作用重复的部分进行及时删除，从而达到提升工作效率的目的。

当然，智慧幼儿园的建设并不是短期内就可以实现的，在建设过程中要根据幼儿园的实际情况，结合幼儿的情况，结合幼儿园教职员工的实际，从多个方面进行建设，以此顺应互联网对幼儿园建设的要求，让幼儿园能够更加适应社会的发展。

B.9
公园形态与城市空间有机
融合的探索与实践

成都市龙泉驿区社会科学界联合会、
成都市龙泉驿区森林公园和桃产业管委会联合课题组

摘　要： 龙泉山城市森林公园片区建设以"世界级品质的城市绿心、
国际化的城市会客厅、市民游客喜爱的生态乐园"为总体
定位，突出"生态保育、休闲旅游、体育健身、文化展示、
高端服务、对外交往"六大功能，把公园形态和城市空间
有机融合，将引领构建"一山连两翼"、人城境业高度和谐
统一城市发展大山水格局，助推实现高质量发展。

关键词： 生态价值　生态产业化　成都　龙泉驿区

龙泉山城市森林公园片区段地处龙泉山脉中段，是龙泉山"一
山连两翼"的核心段；南北长约 25 公里，东西宽约 12 公里，规划范
围约 271 平方公里，涉及 7 个街镇，总人口 5.5 万余人。片区最显著
的优势是生态，以低山丘陵为主，海拔最高处为 1051 米，山区森林
覆盖率为 75%，有国家 II 级以上野生动植物 44 种；自然人文资源丰
富，有龙泉湖、百工堰等水域 20 个，有全国、省级文物保护单位 4
处（洛带会馆、北周文王碑，石经寺、唯仁山庄），有洛带古镇、桃
花故里、蔚然花海等 4A 级景区 3 个。片区最突出的特点是近城，山
城相融、无界相连，近山不进山、近城不进城；交通区位优势明显，

距离双流机场、天府机场 30 公里，第二绕城高速、成渝高速、成安渝高速等高快速路穿越其间。片区发展最强劲的动力来自城市，是广大市民游客赏桃花、眺雪山、看日出、观万家灯火的打卡地。

一　工作成效

自 2017 年启动龙泉山城市森林公园建设以来，龙泉驿区创新开展"林中林"（生态核心区育林）、"林中花"（生态缓冲区塑景）、"园中园"（生态游憩区建园）建设，森林面积连续增加，生态环境持续改善，消费场景不断升级，龙泉山正迸发新的活力。

（一）留白增绿，落实生态保护，推动"减人减房减荒地"

自 2009 年至今，累计投资 200 余亿元，完成了原茶店镇石经村、同安街道原草坪村、原万兴乡梨园村等 14 个生态移民项目，约 1.7 万户 5 万余名群众搬迁下山进城，节余城乡建设用地增减挂钩指标 8000 余亩，取得农用地使用权 22.5 万亩，为成都龙泉山城市森林公园生态修复腾退了空间，提供了土地保障。

（二）保护与发展并重，推动"增绿增景增收入"

生态环境持续改善，2017 年以来增绿 5.73 万亩，提升森林质量 3 万亩，占整个龙泉山城市森林公园增绿面积的 36%。连续 3 年做好省级机构"包山头"植树履责活动，筹集区外资金 1 亿元用于龙泉山生态修复。建成全省首个会议碳中和林，获评首批国家"互联网+全民义务植树"基地。生物多样性得到极大丰富，有植物、动物、微生物 279 科、1104 种，其中国家Ⅱ级以上野生动植物 44 种。消费场景不断迭代升级，龙泉山森林公园片区已成为龙泉山民宿发展最集中、最具活力的区域，是广大市民赏桃花、眺雪山、看日出、观成都

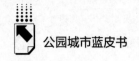

万家灯火的打卡地。龙泉驿水蜜桃蜚声中外，是全国三大水蜜桃主产区之一，品牌价值达 70 亿元以上。

二 主要举措及创新做法

（一）理好规划，多规衔接，完备了龙泉山顶层设计

一是抓紧完善山区规划工作。组织编制《成都市龙泉驿区龙泉山城市森林公园产业总体规划》并形成初步成果。推进山泉镇花海林麓镇级片区国土空间规划和梦里桃乡、森林涵养、天府桃源、客家乡愁、锦绣田园等 5 个村级片区国土空间规划。编制水、天然气、供电、能源、旅游道路以及沿山节点打造等专项规划。

二是做好沿山休闲产业带策划。落实省委、市委主要领导加快龙泉山生态价值转化要求，聚焦"三个做优做强"部署，立足龙泉山实际，编制《龙泉山沿山休闲产业示范片区工作方案》。规划打造以"一核一带两户三片"（"一核"指东山美满片区凤栖东山项目，"一带"指旅游观光路网带，"两户"指 318 与桃溪路交叉口入山门户和紫霞山入山门户，"三片"指百工堰、桃花沟、紫霞山生活消费新场景片区）为主要内容的沿山休闲产业带 21.54 平方公里。目前，正结合片区开发要求，进一步深化细化相关策划。

（二）理美风貌，建园塑景，提升了龙泉山景观水平

一是提升打造山区景源景点。针对广大市民朝待旭日、晚沐夕阳、夜观灯火的龙泉山游览需求，制定《规范引导夜游龙泉山看日出专项整治提升行动实施方案》，整改完成隐患问题 113 项。在钟家山健身步道区域实施 15 个功能配套设施和景观美化项目，完成钟家山片区 4 个观景平台、7 公里步道 40 余处点位排危加固工作，增设、

更新护栏 1300 余米；在王家湾和凉风垭建设 2 个引流景点项目，王家湾林盘景区获评 2022 年成都市 3A 级林盘景区。

二是持续提升森林大地景观。牵头完成东西城市轴线同安五环立交桥区域裸露山体创面修复 7 处、4300 平方米。持续打造彩叶林景观，洛带金龙村等区域 200 亩彩叶林景观初显成效，着力在洛带、同安、山泉等植树造林区域打造总面积达 20 余平方公里的森林公园内面积最大、林相最优的森林景观。

（三）整治环境，规范秩序，提升了龙泉山治理水平

一是大力开展农村人居环境整治。出台《成都经开区（龙泉驿区）实施农村人居环境整治提升加快建设城乡融合实践区行动方案》，累计整改农村人居环境问题 1600 余个，完成 3000 余座临时棚房拆除、看管护房等整治提升，基本呈现乡村"干净、整洁、有序，路净、田美、庄洁"。抓好农业面源污染治理，农膜及包装物回收率达 76%，秸秆综合利用率稳定在 98.2%。

二是持续优化山区交通秩序。桃花节期间，采取提前分流车辆、路段定人定责、增设交安设施等措施，严查机动车违反禁停标志、乱停乱放等行为，规范道路通行秩序。在 318 国道开通超速、越线等电子抓拍设备 32 套，同时在现有的设施上增设反向抓拍设备，对摩托车超速实施 24 小时取证，查处超速 8000 余起、车辆改装改型 125 起。龙泉山飙车现象得到有效治理。

（四）造育并举，指挥管护，夯实了龙泉山生态本底

一是全力推进国家储备林项目。立足龙泉驿区实际，先后 16 次专题调研讨论、4 次广泛征求意见，制定印发《国家储备林项目龙泉驿片区用地保障方案》和《龙泉驿区国家储备林项目实施管理方案》。有序推进退化林修复工作，累计办理林木采伐许可证 26713 亩，

超额完成供地 23500 亩的市级目标任务。同时，督促项目公司完成退化林修复采伐清理 21202 亩、补植补造 18819 亩，完成蓄水设施扩容 2.56 万立方米，建成水蜜桃基地 200 亩。推动建设 1000 亩储备林苗圃基地、创新打造 8000 亩园中园消费场景。项目建设获市委领导肯定，累计接待湖南、海南、江西等省外、市外考察学习 18 次。此外，还完成中幼林抚育 48590.22 亩。

二是持续推进生态共建共享。组织春季义务植树等活动 21 次，建成宝仓湾"互联网+"全民义务植树示范基地。其中，2022 年 3 月在山泉镇万兴社区顺利举行 2022 年四川省、成都市机构龙泉山城市森林公园"包山头"植树履责活动启动仪式，省区市领导干部和志愿者代表 400 余人参加。2022 年 3 月至 4 月，在山泉镇宝仓湾举行"爱成都迎大运·添绿正当时"天府龙泉山"包山头"义务植树系列活动，累计有 50 余家企事业单位 1200 余人参加。

三是持续强化森林管护。全面推行林长制，切实履行巡林职责，累计开展巡林 5900 余次。持续抓好森林防灭火，森林防火期间，累计清除重点区域林下可燃物 9830 亩，砍伐隔离带 8 公里，排查整治 11 条输配电线路森林火灾隐患。设置防火检查站 147 个，累计检查进山入林人员 50 万余人次、车辆 1.5 万余台次。2022 年未发生一起森林火灾。完成林业有害生物防治 30000 亩。

（五）融合产业，转化价值，提升了龙泉山产业水平

一是以项目为中心提升产业发展层次。全力推动计划总投资 100 亿元的成都城投·凤栖东山项目建设，项目已签署正式投资协议并到位前期启动资金 5000 万元。总投资 6000 万元的龙泉山燊城酒店项目已签约落地，正加快建设。有序提升山区基础设施承载能力，策划龙泉山产业和基础设施提升项目 9 个，前期启动龙泉山主入口节点打造等 3 个项目。推动森林公园旅游环线龙泉驿段项目建设，基本实现全

线贯通，分段启动验收移交。

二是营造文旅消费新场景。洛带古镇纳入全省乡村智慧旅游建设试点，并获省级专项资金扶持。山泉镇桃源村成功创建第二批天府旅游名村、花果村成功创建省级乡村旅游重点村。规范发展龙泉山精品民宿，出台《龙泉驿区促进旅游民宿健康发展指导办法》，建立了龙泉驿区旅游民宿联席会议制度。目前正在抓紧实施旅游民宿登记备案和个体工商户转企业工作，累计规范发展精品民宿 46 家、新业态 25 家，既满足了市民游客娱乐休闲的需要，也有效增加了山区农民收入。

三是提升龙泉驿水蜜桃产业。强化农业园区建设，顺利实现梦里桃乡产业基地、2021 年省级农业培育园区竣工验收、投入使用，推动 2022 年同安丽阳、2022 年桃溪谷开工建设。新落地水蜜桃分拣中心项目 2 个。推进龙泉驿水蜜桃品牌提升建设，开展龙泉驿水蜜桃开园节等农业节事活动 15 次。持续培育农产品电商，建成龙泉驿水蜜桃京东官方旗舰店。授权 40 个企业使用龙泉驿水蜜桃地理标志商标，推动入选农业部农业品牌精品培育名单。

三　发展构想

龙泉山城市森林公园片区将始终坚持生态优先、绿色发展，以重大项目为核心，以"生态、产业、风貌"为重点，在保护中发展、在发展中保护，奋力打造世界级品质的城市绿心、国际化的文旅会客厅、市民游客喜爱的生态乐园。

（一）推动片区生态修复，持续夯实生态本底

一是统筹实施市级国家储备林项目。以建设高质量木材储备林、生态公益林为主要目标，2023 年持续做好 2 万亩森林质量精准提升、

洛带松林村示范林景观建设、8000 亩高品质"园中园"打造、1000 亩高标准苗旅基地建设，有序完善林区道路、智慧管护、蓄水灌溉等设施。二是推进区级国家储备林项目建设。在核心区域补种彩叶树种，丰富原有林地树种，增强季相变化。三是推进龙泉驿水蜜桃提档升级，打造规划展示、智慧管理、科学研究、消费体验等功能，以优质水蜜桃生产和融合发展为主要业态的现代化示范基地。

（二）推动片区招商引资，持续提升产业能级

一是全力推动签约项目落地建设。按照"依山就势、房不过树"的理念建好城投·凤栖东山项目。推动建成"凤栖别院"规划展示中心，推进建设观景地标"凤凰台"等标志性项目。二是大力推进在谈项目签约落地。积极对接昆仑集团、成都交投集团等优质投资主体，推动在谈项目签约落地。三是持续推介包装项目招大引强。全面梳理片区资源，重点包装沿山休闲产业带、茶店老场镇、大兴场等区域，集聚吸引社会投资。四是探索完善利益联结机制。通过盘活资源、配置资产、整合资金以及农地流转、就近就地就业等方式搭建产业项目建设与农村集体经济组织壮大、农民增收的利益联结机制，让产业项目更好地服务乡村振兴。

（三）推动片区风貌提升，持续塑优公园形态

一是实施沿山区域综合整治。重点做好桃花溪路片区、公园路片区等区域综合整治，开展景观节点打造和农田景观提升。在洛带三峨山建设彩叶林示范项目。二是优化建设重要交通道路，推动东西城市轴线至枇杷沟入口连接线、公园路、万红路等进山出山旅游快速主通道提升改造。三是规划建设标志性建筑。加快国道 318、公园路、紫霞山山门及门户节点规划设计并启动建设，提高龙泉山的辨识度，让"山上看得见城、城里望得见山"。

B.10
公园城市现代化国际化
品质生活区建设实践

成都市青白江区社会科学界联合会、成都市青白江区住房和城乡建设局联合课题组

摘　要： 成都青白江区深入贯彻落实习近平总书记对四川及成都工作系列重要指示精神，坚持以建设践行新发展理念的公园城市示范区为统揽，通过规划引领空间格局优化、夯实绿色生态本底建设、深入打好污染防治攻坚战，厚植绿色生态本底；通过着力推进公共服务设施建设、高质量推进城市有机更新、健全房地产健康稳定发展机制、高效实施城市通勤效率提升工程，创造宜居美好生活；通过强化项目建设管理、积极开展碳达峰碳中和产业研究、持续优化市场化法治化营商环境，营造宜业优良环境；通过优化城市智慧治理体系、建设弹性基础设施网络、完善社会风险防控体系，健全现代治理体系。并在上述多方面取得系列进展和成效，青白江区的长流河公园入选成都35个"夜成都"示范点位。

关键词： 公园城市　城市现代化　城市国际化　青白江区

成都青白江区深入贯彻落实习近平总书记对四川及成都工作系列重要指示精神，坚持以建设践行新发展理念的公园城市示范区为统揽，以不断满足人民群众对美好生活的向往为目标，全面优化城市综

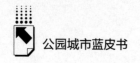

合承载功能，着力厚植绿色生态本底、创造宜居美好生活、营造宜业优良环境、健全现代治理体系，推进高质量发展、高品质生活、高效能治理相结合，构建凸显地方特色和国际风范的国际品质生活区。

一　现状成效

长流河公园（暨长流河核心区滨水绿道）是成都市"百个公园"示范工程之一，为青白江区公园城市建设重点项目。项目位于智慧产业城片区长流河畔，西起团结中路红卫桥，东止于化工北路桥，全长约 2.05 公里，占地面积约 22.5 公顷。项目于 2018 年 3 月启动建设，2019 年底完成景观打造，2020 年配套建筑竣工并陆续投运。青白江区凤凰里·水街位于青白江区凤凰新城核心区，占地 75 亩，毗邻凤凰绿道和凤凰湖公园，是青白江区城市转型发展、建设国际化青白江的亮点工程，是"一带一路"产业合作的高端生活配套，是国际贸易港地标级展示窗口。街区依托优质城市生态绿廊、凤凰绿道和优美水系，创造生活消费新场景，提升公园式人居环境水平，成为集生活、情调、休闲、生态于一体的魅力滨水街区，入选成都 35 个"夜成都"示范点位。

（一）塑造国际品质生活区优美形态

空间格局方面，按照《践行新发展理念的公园城市示范区——青白江区建设总体规划》，统筹推进 12 处具有青白江特色的公园城市示范片区建设，目前已启动 7 处示范片区建设，其中欧洲产业城产业型公园城市示范片区全面建成，着力打造具有区域特色的融合示范场景。生态本底建设方面，截至 2021 年底，青白江区实现建成区绿化覆盖率 47.01%，人均公园绿地面积 17.43 平方米，公园绿地服务半径覆盖率 90.01%。龙泉山城市森林公园青白江片区完成减人减房

13.8 万人、增绿增景 2.3 万亩，森林覆盖率提升至 33.73%。污染防治方面，2022 年已整治市政污水管网病害 1300 余处，完成 2 个水美乡村建设和青龙村人居环境整治项目。截至 2022 年 11 月底，青白江区环境空气质量优良天数实现 272 天，在中心城区排名第一；纳入考核断面水质优良比例 100%，城市水质综合指数在全市排名第六；全区土壤环境质量总体保持稳定。

（二）增进国际品质生活区民生福祉

公共服务建设方面，青白江区成功建立了涵盖基础教育、医疗卫生、社区服务、托幼养老等七大类共 643 个基本公共服务设施的基本公共服务项目储备库。2022 年全区共有 10 个公共服务设施项目已竣工，另有 39 个项目正加快建设，29 个项目准备开工。城市有机更新方面，青白江区累计改造老旧院落 226 个，惠及居民 15478 户，总投资近 2 亿元，更有城厢中学宿舍和横秋玉巷 52 号两个院落成功纳入 2022 市级示范院落。房地产健康发展方面，2022 年 1~11 月，青白江区商品住宅供应 55.79 万平方米、成交 58.47 万平方米，有效满足居民购房需求，促进区域职住平衡。道路建设方面，打通敬业路东段、金桂路南段等"断头路"8 条，整治石家碾路等街道人行道 9 条。2022 年已完成城市通勤效率提升工程项目 8 个，交通基础设施不断完善，交通服务水平明显提高，通勤场景体验更加丰富。

（三）激发国际品质生活区经济活力

项目建设管理方面，2022 年青白江区城建项目已完工 39 个、加快建设 47 个、促开工 19 个，7 个市重大城建项目均正常推进，区重大办共协调解决跨部门问题 3 个。碳达峰碳中和相关研究方面，2022 年青白江区完成施工图审查项目 19 个，建筑面积约为 84.4 万平方米，其中绿色建筑项目 18 个，绿色建筑面积约 84.2 万平方米。营商

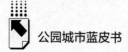

环境优化方面，持续提升工程建设项目审批服务质量和效率，压缩竣工验收时间。2022年，青白江区已指导企业项目40余个，协助办理工程质量监督备案面积共153.64万平方米。

（四）增强国际品质生活区治理效能

城市智慧治理方面，青白江区已实现智慧工地"线上"监管108个，覆盖率达100%。2022年开展了线上巡查5363次，对公共服务设施、市政基础设施、轨道交通、安全韧性、绿色发展、城市更新、历史文化保护等领域全面体检。弹性基础设施建设方面，青白江区已建成人防工程56处，合计约42万平方米。截至2021年底，青白江区人均避难面积2平方米，综合减灾示范区比例达到49.39%。

二 工作举措及创新做法

（一）厚植绿色生态本底

一是规划引领空间格局优化。推进"三区三线"划定管控及自然资源合理利用，构建"一山一河，一廊两楔"的生态保护格局。结合青白江区"一港双核四片"空间发展格局，科学谋划城市生态建设，启动青白江区"绿地系统专项规划""公园建设实施规划""海绵城市专项规划"编制，进一步在国土空间规划中明确并优化绿色生态空间布局落位，指导公园绿地建设及场景营造，目前已形成初步成果。二是夯实绿色生态本底建设。持续完善生态区、绿道、公园、小游园、微绿地"全域增绿"五级城市绿化体系。完成长流河公园、东山公园等"百个公园"示范工程。完成凤凰湖创4A级景区、怡湖园创省重点公园、家珍公园改造等"老公园·新活力"行动，累计建成天府绿道286公里、小游园微绿地28处，打造公园城市示范街区 8 个，创建省市级园林式居住小区 24 个。三是深入打好污染防治攻坚战。以"完善体系"补齐污染治理短板，出台《青白江区建设工程扬尘污染管控突出问题精细化管理指导意见》，并进一步强化开工条件审查。2022 年 14 个工程项目完成绿色标杆工地打造，2 个工程项目通过省级安全文明工地、绿色施工工地初评，17 家商混站绿色生产达标预审通过，一批次共 7 家商混站取得绿色生产达标证书。成立区污水治理攻坚行动领导小组，制定《污水治理三年攻坚行动方案》，正在开展毗河、绣川河、西江河、青白江中小河流治理方案编制工作。

（二）创造宜居美好生活

一是着力推进公共服务设施建设。结合城市体检工作科学评估公共服务现状，从供给数量和空间布局两个维度，摸清公共服务设施建设现状、缺口短板和增量需求，建立基本公共服务项目储备库。制定联席会议制度，组建专人专班，实施公共服务项目从立项开工到竣工投产的全过程跟踪管理。同步推进项目多方融资，申报政策性开发性金融工具、地方债券资金，争取到 23 个公共服务项目纳入申报，鸿鹄高中、万瑞国际健康养老中心等纯社会化投资的公共服务项目总金额达 27.7 亿元。二是高质量推进城市有机更新。积极开展城市有机更新项目包装，在青白江区全域划分形成了 15 个更新单元，更新单元内总投资 40.1 亿元的青白江区老工业基地东片区、北片区公园城市有机更新项目（一期）已取得市住建局批复并落地实施，清泉城市有机更新等储备项目正在有序推进前期工作。大力实施老旧院落改造，营造全龄友好人居环境，通过对 226 个老旧院落进行改造，极大改善了群众生活居住环境。聚焦"一老一小"，累计完成既有住宅自主增设电梯 70 台，老年人、特殊人群出行条件得到改善，有效提高老旧院落宜居水平。三是健全房地产健康稳定发展机制。坚持"增信心、防风险、稳增长"工作思路，精准实施调控措施，促进房地产业良性循环和健康发展。积极与市住建局沟通，争取"一区一策"尽快实施，稳定企业信心。组织分片区企业座谈会，收集并逐步解决项目开发建设的问题和困难，为企业纾困解难。指导区房协开展城市品牌宣传暨人才安居活动，深入青白江区及成都市各大园区（楼宇）进行安居乐业宣传，促进职工在区安居置业，激发市场活力。四是高效实施城市通勤效率提升工程。推动交通基础设施建设，提升城市内外通勤效能，贯通清泉大道、港城大道、呈祥大道等骨干道路，新改（扩）大石路、栖凤大道中段等市政道路，成绵高速第二复线、五环路（青白江段）等跨区域重大交通项目正在实施中，全区道路总里程达610.32公里。加快城市道路建设和人行道提升整治，持续改善道路品质，近3年已打通8条"断头路"。

（三）营造宜业优良环境

一是强化项目建设管理。结合青白江区产业功能区定位，围绕市区级工作重点方向以及"十四五"重点工作等，加强对重大项目的包装策划，形成《青白江区"十四五"期间城市建设规划（2021—2025）》。持续抓好2022年全区总投资288.6亿元的105个城建项目、总投资95.7亿元的7个市重大城建项目统筹管理，建立问题协调解决机制，搭建议事平台（区重大办），研究解决城建项目推进过程中遇到的跨部门、协同问题。二是积极开展碳达峰碳中和产业研究。对标碳达峰碳中和目标愿景，探索产业生态化、生态产业化路径机制，印发实施《成都市青白江区关于以实现碳达峰碳中和目标为引领促进绿色低碳高质量发展的实施意见》，助推全区经济社会发展全面绿色低碳转型。已建成先进金属材料研究院等各类技术创新平台49个，引进石碧、王琪院士工作站，获批全省第二批院士（专家）园区。贯彻落实《关于印发成都市绿色建筑创建行动实施计划的通知》（成住建发〔2021〕121号）等政策文件要求，大力发展装配式建筑，推广使用绿色建筑材料，制定《青白江区绿色建筑创建行动实施计划》。三是持续优化市场化法治化营商环境。推进工程建设项目审批制度改革，采用"统一时间、集中踏勘、现场指导、一次联合验收"的服务模式，在施工过程中即对企业进行指导；设置联合验收"综合一窗"，实现只需提交一套申报材料，即可办理所有专项验收事项；采取取消前置条件、合并办理事项、容缺受理等方式，推动每个专项验收都可独立开展或同步推进。进一步完善工程质量管理机制，采取信用加分、保证金减免等激励手段鼓励企业购买工程质量缺陷保险，推行"一张清单"管理、"专人专项"服务、"源头治理"指导模式。

（四）健全现代治理体系

一是优化城市智慧治理体系。深入开展城市体检工作，对公共服务设施、市政基础设施、轨道交通、安全韧性、绿色发展、城市更新、历史文化保护等领域全面体检，从专业的角度提出系统治理方案。目前有序推进2022年城市体检工作，已会同各镇（街道）开展了社会满意度调查工作。按照市级"6+8+N"智慧蓉城应用场景体系，统筹推进区智慧城市运行管理平台及应用场景建设，实现城市运行"一网统管"。全面推进"智慧工地"建设，构建主管部门、企业、项目三级智慧监管服务体系，通过APP实时监管施工现场，提高检查频率及效率，管理逐步精细化，进一步推动建筑产业智慧化。二是建设弹性基础设施网络。将海绵城市建设要求纳入土地出让条件，按照《成都市海绵城市规划建设管理技术规定（试行）》等文件，累计完成建筑小区、市政工程、绿地广场三类共28个建设项目的海绵城市专项设计相关内容审查，推进区域整体治理，增强自然灾害防御能力。坚持"以建为主、应建必建"的原则开展人防工程建设，认真做好在建工程质量监督，确保防护设备预留预埋到位。组织开展全区防汛、森林防火等综合应急演练，提升城市应对"复杂性、综合性"灾害处置能力，有序开展1个Ⅰ类应急避难场所规划。三是完善社会风险防控体系。建立健全全域覆盖、分类评价、差别化监管的住建领域信用评价管理机制，倒逼企业落实主体责任，2022年移交执法案件51件，信用扣分8件。做优服务提质量保安全，2022年已开展质量监督服务372次、安全监督服务222次，发出质量整改通知书47份、安全整改通知书117份、文明施工整改通知书31份，处理质量投诉1135起，投诉处理率达100%。建立住建领域政风行风监督员机制，从平台公司项目部负责人、区房协工作人员、村（社区）基层工作人员等渠道产生20名政风行风监督员，制定12个政风行风监督项目，推动风险监督防范工作提质增效。

三　发展构想

青白江区将继续深入贯彻落实习近平总书记对四川及成都工作系列重要指示精神，落实省委、市委重大部署，坚持以建设践行新发展理念的公园城市示范区为统揽，以不断满足人民群众对美好生活的向往为目标，在生态本底、宜居生活、宜业环境、治理体系等方面持续用力，到2025年初步建成西部地区全球供应链主枢纽、国际品质生活区和现代化国际化成都北部中心。到2035年全面建成社会主义现代化国际化的成都北部中心，区域对外交往门户、改革创新集成示范区全面成形。

B.11
以生态价值创新转化促进公园城市
美丽宜居城区建设的探索与实践

成都市温江区社会科学界联合会课题组*

摘　要： 成都市温江区在新发展理念指引下，坚定落实高质量发展要求，探寻发展范式从扩张型向集约型转变，发展动能从投资向创新转变，发展模式从增量向存量转变。通过系统推进生态环境保护、统筹推进生态体系构建、创新推动生态价值转化，温江区近年来在公园城市建设方面取得明显成效，区域环境质量持续改善，生态价值转化更加高效，群众幸福指数不断提升。未来，温江区将继续秉持新发展理念，坚持生态优先、特质发展、为民初心，为成都市公园城市示范区建设贡献力量。

关键词： 生态价值　以人民为中心　公园城市　温江区

　　温江区位于成都市主城区正西，是天府农耕文化主要承载地和都江堰水利工程首灌之区，自古素有"金温江"的美誉。迈入新时代，面临资源和空间趋紧等新挑战，在新发展理念指引下，温江区坚定落实高质量发展要求，转变粗放型外延式的发展模式，探寻

---

　*　执笔人：黄先贵，中共成都市温江区委宣传部网络宣传和评论科科长；刘晓姝，成都市温江区发展和改革局发展规划科科长。

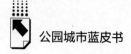

发展范式从扩张型向集约型转变，发展动能从投资向创新转变，发展模式从增量向存量转变，通过系统推进生态环境保护、统筹推进生态体系构建、创新推动生态价值转化，依托"两河一心"得天独厚的生态人文资源禀赋，营建最具生态性的消费空间和最具消费性的生态空间，让田园与林盘相依、流水与城市相伴，勾勒出"清水至稻谷生、原生乐享自然、城喧中见繁华"的生态盛景，成就最具田园诗意的现代城市，推动经济实现转型发展、高质量发展和可持续发展，为成都建设践行新发展理念的公园城市示范区贡献先行力量。

一 现状成效

（一）区域环境质量持续改善

2022年，温江区空气质量优良天数比例为78.08%，较2020年提升2.68个百分点。PM10、PM2.5年均浓度分别下降3.2%、7%。3个省市考核断面水质稳定达到Ⅲ类标准，集中式饮用水水源地保护区水质达标率为100%，全区黑臭水体基本消除，污水处理能力达26.2万吨/日，城市污水处理率达97%。受污染地块安全利用率达100%。成功创建国家生态文明建设示范区，获评"绿色中国典范城市""绿色发展优秀城市""2021践行生态文明发展优秀区""2021绿色发展优秀区"等。

（二）生态价值转化更加高效

温江区创新构建"1+3+50+100"的全域公园城市体系，累计建成绿道及慢行系统396公里，建成区绿化覆盖率达45.8%，"两河一心"区域引进裸心度假村等产业化项目23个，新增悯农原乡、仙境花园等特色消费场景 28 个，金马河日均人流量增至之前的 10 倍，打造社学里文创街区，启动金江 e 心酒店化改造、古迹酒店等项目建设。"江安拾光"获评成都市八大特色消费场景，金马河运动休闲消费带获评成都市八大示范消费场景，文庙国潮文化街区入选住建部第一批城市更新试点项目。

（三）群众幸福指数不断提升

温江区构建"社会资本+农村集体经济组织+农户"的全链条利益联结机制，2022 年城镇、农村居民人均可支配收入分别达 56066 元、37561 元，分别增长 4.4%、5.4%。持续实施幸福美好生活十大工程，建成"鸣谦""图南"等留灯书屋 18 座，获得成都"人民阅卷·十大市民点赞项目"第一名，免费开放全区 95 个文化站（活动中心），竣工金强国际赛事中心等文体项目，常态化举办中国女子篮球联赛、"夜跑江安河"等赛事活动。获评"中国最具幸福感城市·美丽宜居城区"。

二　工作举措及创新做法

（一）系统推进生态环境保护

一是坚持强化规划引领。在全省率先印发《成都市温江区生态保护红线区划纲要》，先后编制出台《成都市温江区生态文明建设规划修编（2016—2025 年）》《成都市温江区低碳城市建设规划》《成都市温江区"十四五"生态环境保护规划》《温江区重点项目引进生态环境健康风险评价技术指南》等规划文件，为全区生态环境保护工作做好顶层设计。二是坚持科学精准治污。深入实施大气"650"工程，以颗粒物减排和臭氧防控为核心，推动实施西部片区大气污染防治联防联控，修订并组织实施重污染天气应急预案，扎实开展工业源、移动源、面源污染管控，深入推进重点行业企业挥发性有机物深度治理。深入实施水环境"626"工程，严格落实"河长制"，强化集中式饮用水水源地规范化建设。深入实施土壤"620"工程，加快建设危险废物暂存中心，持续推进工业园区水气土预警体系建设，实施污染地块负面清单和用地分类管控。三是坚持创新高质量发展。在全省率先全域推行"环保管家"，深入落实环境影响评价"放管服"改革和行政执法"三项制度"，深入推进柔性执法，制定正面执法清单，减少对守法企业生产经营干扰，探索实施学法考法免罚减罚制度，积极推行生态环境"提醒服务"。编制"提醒服务"清单，建立"线上+线下"提醒服务体系，多种形式提醒服务对象及时办理证照核发、续期等事项。

（二）统筹推进生态体系构建

一是构塑南城北林空间格局。差异化打造"南城北林"主体功能分区，不断优化提升"南城"城市宜居功能和"北林"生态涵养功能。"南城"做强城市极核功能"以城带乡"，规划建设以成都医学城为主导，覆盖6个街道的城市综合发展区。"北林"厚植生态优势"以乡促城"，规划建设以温江国家农业科技园区为主导，覆盖3个镇的都市农业片区，打造新时代更高水平"天府粮仓"。二是加快绿道联网建设。坚持景区化、景观化、可进入、可参与理念，通过实施绿道赋能提质、村道绿道化改造，使绿道建设由点到面、串联成网，稳步推进市域级绿道、南城慢行系统、北林绿道"三网融合"的绿道体系建设，加快打造南城都市漫游网、北林田园静享网。三是织密三级公园体系。推动绿色空间与生活社区有机相融，建设公园城市示范片区、"百个公园"示范工程，多层次营造公园城市示范场景，"田水绕林盘、花木遍乡野"的田园公园形态基本呈现，在持续扩大城乡生态绿色空间的同时，让生态系统更加稳定、生物多样性更加丰富，不断满足人民群众对优美生态环境、优质生态产品、优秀生态文化的新需求、新期待。

（三）创新推动生态价值转化

一是开展特色生态资源挖掘行动。坚持生态优先、低碳发展理念，持续加强"北林"生态体系保护，统筹推进"水草林田湖"系统治理和农村人居环境"三大革命"，加快绿道串联城乡，整合城乡资源，实现省级"幸福美丽新村"全覆盖。二是开展川西林盘保护修复行动。推广"产居共生、院落优改"林盘打造模式，更新与重塑川西林盘大田农业景观，创新诠释公园城市乡村表达，依托北林绿道建设推进产业融合，有序推进寿安镇苦竹村月石院林盘整治和盛镇"何家院子"川西林盘保护修复、金马街道尚合佳境林盘景区、毛家湾林盘修复保护等项目。三是开展"两河一心"营建行动。通过"拥河发展、以心连接"，让温江更具有连接感、融合度、传承度、发展力、天府样、温江味。以场景营建推进纵向筑势，立足两河沿岸、文庙周边空间可开发强度和生态可利用尺度，按照亲水、近水的特质和近地、开敞的范式，营建最具生态性的消费空间和最具消费性的生态空间。江安河以都市繁华、活力新潮为主题，提速记忆江安、活力江安、未来江安三大主题段建设，打造温江公园、光华公园、凤溪岛、朴野之源等示范项目，塑造烟火慢城的城市印象；金马河以回归自然、运动健康为主题，加快推进康体养、文体旅、体产城三大组团，加快打造鲁家滩8公里核心示范带项目，构建生态肌理与消费业态融合、专业运动与大众休闲兼得的场景体系；文庙片区以国潮文化、市井体验为主题，实施历史文化遗存复原和街巷风貌改造提升工程，提速推进蜀乐坊、金江大厦、繁华时代等项目建设。以价值互联实现横向赋能，通过城市道路和绿道体系推动商圈街区、工业园区、

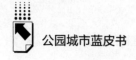

北林乡村衔接嵌套、有机连接，更新业态导入人流，形成优势互补、彼此赋能、相互成就的联动发展格局。

三 发展构想

在新发展理念指引下，温江区坚定落实高质量发展要求，为成都建设践行新发展理念的公园城市示范区贡献先行力量。

（一）坚持生态优先

南城北林的空间格局、得天独厚的林水资源，既是温江区的灵秀之魂，也是城市的魅力之源，共同构筑了温江区的公园城市本底。坚持生态立城，坚持人与自然和谐共生，坚持"绿水青山就是金山银山"，以南城北林两河一心，构塑城乡、生态和人文空间。推动人与自然极致相处，都市风采与田园风光和谐演绎。

（二）坚持特质发展

在对自身自然地理、经济地理、人文地理认知基础上，构筑起特质与差异的比较优势和独特势能，以发展的方式去保护，以彰显的方式去传承，提出"两河一心"营城策略，以拥河发展、与"心"连接来彰显城市特质，以纵向筑势、横向赋能来激发城市活力，以三产共兴、共担共享来推动城市进步，不断创塑并兑现"两河一心赋新篇、一抹绣色致未来"的城市愿景。

（三）坚持为民初心

秉持"人民城市人民建、人民城市为人民"理念，坚持心系群众、为民造福的价值取向，不断满足和实现人民群众对幸福生活的向往和对美好未来的追求，让人民获得感成色更足、幸福感更可持续，奋力建设"幸福温江·美好之城"。

社会科学文献出版社

皮 书

智库成果出版与传播平台

❖ 皮书定义 ❖

皮书是对中国与世界发展状况和热点问题进行年度监测，以专业的角度、专家的视野和实证研究方法，针对某一领域或区域现状与发展态势展开分析和预测，具备前沿性、原创性、实证性、连续性、时效性等特点的公开出版物，由一系列权威研究报告组成。

❖ 皮书作者 ❖

皮书系列报告作者以国内外一流研究机构、知名高校等重点智库的研究人员为主，多为相关领域一流专家学者，他们的观点代表了当下学界对中国与世界的现实和未来最高水平的解读与分析。截至 2022 年底，皮书研创机构逾千家，报告作者累计超过 10 万人。

❖ 皮书荣誉 ❖

皮书作为中国社会科学院基础理论研究与应用对策研究融合发展的代表性成果，不仅是哲学社会科学工作者服务中国特色社会主义现代化建设的重要成果，更是助力中国特色新型智库建设、构建中国特色哲学社会科学"三大体系"的重要平台。皮书系列先后被列入"十二五""十三五""十四五"时期国家重点出版物出版专项规划项目；2013~2023 年，重点皮书列入中国社会科学院国家哲学社会科学创新工程项目。

皮书数据库

权威报告・连续出版・独家资源

皮书数据库
ANNUAL REPORT(YEARBOOK)
DATABASE

分析解读当下中国发展变迁的高端智库平台

所获荣誉

- 2020年，入选全国新闻出版深度融合发展创新案例
- 2019年，入选国家新闻出版署数字出版精品遴选推荐计划
- 2016年，入选"十三五"国家重点电子出版物出版规划骨干工程
- 2013年，荣获"中国出版政府奖・网络出版物奖"提名奖
- 连续多年荣获中国数字出版博览会"数字出版・优秀品牌"奖

皮书数据库

"社科数托邦"
微信公众号

成为用户

登录网址www.pishu.com.cn访问皮书数据库网站或下载皮书数据库APP，通过手机号码验证或邮箱验证即可成为皮书数据库用户。

用户福利

- 已注册用户购书后可免费获赠100元皮书数据库充值卡。刮开充值卡涂层获取充值密码，登录并进入"会员中心"—"在线充值"—"充值卡充值"，充值成功即可购买和查看数据库内容。
- 用户福利最终解释权归社会科学文献出版社所有。

社会科学文献出版社 皮书系列
SOCIAL SCIENCES ACADEMIC PRESS (CHINA)

卡号：694413378473
密码：

数据库服务热线：400-008-6695
数据库服务QQ：2475522410
数据库服务邮箱：database@ssap.cn
图书销售热线：010-59367070/7028
图书服务QQ：1265056568
图书服务邮箱：duzhe@ssap.cn

法律声明